脱近代宣言

脱近代宣言

落合陽一＋清水高志＋上妻世海

水声社

脱近代宣言＊目次

第２章　近代の終焉　89

はじめに

落合陽一

「近代の超克《ちょうこく》」がグローバリズムとローカルの対比や日本的デモクラシーの中で幾度となく議論されてきた。第二次世界大戦時のファシズムの接近から一部でレッテル貼りに使われてきたこの種の議論は、言語的な枠組みと歴史の意図的な振り返りや批評によって行われてきていたもので、テクノロジーや芸術論による非言語的アプローチによって、脱することを議論されたことは少ないのではないだろうか。

近代的な成長社会から成熟社会に臨んだ今、われわれはヒューマニズムの枠組みのなかの成長とは違った解釈を取りうるのではないだろうか。テクノロジーによるアプローチや、芸術的な美意識や価値の勃興に基づいたわれわれの文化的側面の再考は、平成の時代が終わろうとしている今、必要なことに思える。

この鼎談本を収録した際、非常に楽しいキャッチボールの時間になった。近代を超えるのではなく静かに脱して醸成するそう言った考え方は、今の世界の言語理解とは馴染まないところが多いかもしれない。しかし、インターネット以後、その計算機を用いた実装と人との間のフィードバックループは明らかに違ったカルチャーを生みつつある。そんな時代感を感じながら読んで頂ければ幸いだ。

第1章

エジソンの夢，サザランドの夢

メディアアートと脱近代

――喫茶店の会議室に落合陽一が到着。ノートパソコンを、背中の黒いリュックからおもむろに取りだしながら。

落合陽一　よろしくお願いします。

清水高志　どうもはじめまして。

落合　はじめまして。

ここWi-Fiとかありますかね?

上妻世海　あると思いますよ、たしかそこにWi-Fiのパスワードがあるんです。

落合　ここ(新宿の喫茶店「西武」)、昔からありますよね……。いつも清水さんのTwitterを拝見していて、今日はすごく楽しみにしてたんですよ。

上妻　僕がこの座談会をセッティングした理由をいうと、落合くんの世界観を以前からずっとおもしろいと思っていたからなんです。ビットコインやデジタルネイチャーについては、さまざまな機会でお話しされてますよね。でもメディアアートの実践やみずからの思想の核心について、落合くんが対談などで真っ向から語った企画はまだなかったと思うんです。

落合　その通りですね。相手がなかなか理解できないというのがあります。ライターさんがまとめたりすると、言葉の解像度が落ちてしまいがちなんです。そのぶんわかりやすくなるし間口も広がるんですが、発想の源流っていうか、僕が考えていること、やろうとしていることが頭から尻尾まで容赦なく出ているっていうのは、ぶっちゃけあんまりないですね。

上妻　そんな印象を受けます。世代的にも、落合くんは僕の思想とかなり通じるものがあるんですよ。また、今日お呼びした清水さんは、現代哲学の分野で活躍されてますが、彼の思考にもどうやら近いところがだいぶあると思う。僕としては、そのあたりをもう少し掘っていきたい。ひょっとしたら、そうすることでさまざまな領域が活性化するんじゃないかと思うんです。

落合　僕もそういう風に思っていました。清水さんたちと対話するのはとてもいいなと。とはいえ会話の手順が難しいんですよね。僕はサイエンスとアートの人間で、しかもテクノロジーの人間でもあるので、そこがとても難しい。理解者がいない。

清水　どうやって結びつけるかってことですね。今回はまず第一回目ということで、メディアアーティストとしての落合陽一の思想と、またその背景にある「脱近代」というテーマが、現代のさまざまな文化的・社会的な潮流のなかで、どれくらい拡張的にとらえうるものなのか、僕と上妻くんによる二人がかりのインタビューみたいな感じでやっていけたらな、と思っています。上妻くんはかならずしもそう思っていないかも知れませんが（笑）。

落合　喋り言葉のどの辞書をベースに話すかが問題ですね。アートか、テクノロジーか、哲学か。そういったことも含めて、今回の座談会はすごいおもしろい試みだと思ってます。

上妻　落合くんはテクノロジーの歴史の中で、自分がやっていることの意義やその世界観についてよく語っているし、美術についての問いも提示されてますよね。びっくりするのは、エジソンのやっていることはアートなんじゃないかとか……。これは重要な論点だし、さらに自分をその系譜に位置づけてもいますよね。またカメラの登場と、当時の絵画の関連についても語っている。僕にはこうした一連の議論は、アーサー・ダント[1]という美術史家の理論とも通じるところがあるように思うんです。そしてそれが、二〇世紀の美術を別の仕方で捉え返すのにも役立つと思うんです。

落合　なるほど、もう少し詳しく聞きたいな。

上妻　ダントは、モダニズムの代表的な論者であるクレメント・グリーンバーグとは、ちょっと異なる視点から芸術のモダニズムを定義しています。グリーンバーグはいわゆる媒体固有性の純化プロセスからモダニズムを定義していますよね……。絵画の絵画たる本質は平面的な表面、支持体の形態、顔料の特性といった媒体にあって、それらの条件のもとで平面性を探求してきたのが絵画の歴史であり、モダニズムであると。しかし、彼は媒体固有性にこだわるあまり、マネ、セザンヌからジャクソン・ポロック、ポスト・ペインタリー・アブストラクション[2]へといった、単線的かつ本質主義的な仕方でモダニズムの文脈を描いてしまいます。

落合　たしかに直球ですね。デュシャンの言った「網膜的」のような。

上妻　他方で、ダントは当時のテクノロジー環境との相互生成を配慮しながら、モダニズムを定義しています。モダニズムのはじまりは、カメラの出現と密接な関係があるというんです。彼は「カメラがモダニズムを起動させた」とまで言ってるんですよね。これは重要な指摘で、一九世紀後半から二〇世紀の前半はカメラを含め、人間の知覚では捉えきれない運動や形の実在が証明されはじめた時代でした。アーサー・ミラーやゲーザ・サモンなど、そうした時代に応答する形で、セザンヌやピカソの実践があったんだという解釈も多数出てきています。なのでそういった議論も踏まえれば、より落合くんの実践を明確にできるのではないかと思っています。こういった芸術についての議論は僕の仕事で、清水さんには「脱近代」についての哲学的な議論をかわしていただきたいと思っています。

落合　これは両面から解説される良い本になりそうですね（笑）。メディアアートの問題についての僕のアンサーとしては『魔法の世紀』を書きましたが、じつは不完全燃焼で、続編を書きたいんですよ。その後もいくつか書いてはいるんですけど、もっとしっかりと書けるはずだった。もっとわかりやすくすることもできたし、もっと補足することもできた、文脈と接続的に。そうしたこともやりたいと思っていたんです。

清水　先週、この本（『超AI時代の生存戦略』）を読んだんですよ。落合くんはベストセラー作家でもう何作も出していますよね。『魔法の世紀』はもちろんいい本ですが、最近のものもおもしろいなと思って読んでいるんです。でもこの本もよく読んでみると、節タイトルを見てるだけであれこれ印象的なんだけど、中ではわりとあっさりとしかそれらしいことに触れてなかったりする。

落合　あれはライターを入れずに文字起こししたものを僕が修正して作ったということもあり、ひかえめで、場合によっては、全く言及してないですね。

清水　ところどころ穴があって、でもその穴に僕はすごく引っかかっているんです。おそらく、語ったんだろうけど表にでてこなかったビジョンというのがあって、そこを突っ込んで考えていくと、すごくおもしろいだろうなという予感がある（笑）。この座談会では、そうした部分にも突っ込むことが出来たらいいなと思っています。僕はたとえば、今世紀になってからの人類学の新展開とか哲学の新しい動向に関心があるんだけど、分野は違うものの、哲学がようやく二〇世紀のポストモダンから抜け出して思考しつつあるものと、同じことを考えているんだろうな、という動きが最近たくさんでてきている。アートと人類学のいくつかの問題意識や、環境論などもシンクロして変化し始めていますね。そういう一連のブレイクスルーがあるんです。

日本だと落合くんが脱近代を強く意識し、サイエンスや社会情勢にも強く、かつメディアアーティストであり、まさに全体を境界なく考えているまれな人だと思う。さらに、人間主体とテクノロジーの関係とか、二〇世紀にはまだ予想に過ぎなかったものを技術に実装させて語っているから、従来の社会理論とはすでに大きくかけ離れた展望をもっていますね。

落合　そういったことについて、お二人とお話するのが一番早いなと思ったので、こうした機会をもてすごく嬉しいです。

僕が感じている印象としては、二〇世紀は人類史のなかでも相当変な世紀だった。なぜかというと、フォードとエジソンのせいなんですよね。この特殊な状態はあいつらが悪いっていつも言ってるんです。当然、二人ともすごいんですが、決定的に社会を変えた。

デザインという概念は、バウハウスからきたと言われているけど、フォード式生産がなかったら、おそらくデザインというものは売れるものにはならなかった。また、マスメディア、ことさらエジソンがいないとオーディオ・ビジュアルは、完成しなかったんです。オーディオ・ビジュアル、エレクトロニクス、物流というアメリカ的なるもののすべては、エジソンとフォードによって成り立っていて、フォード式の生産方式の最高傑作っていうのは、トヨタとiPhoneじゃないですか。それでいまだに、一九〇〇年代と同じことをスキームとしては、ずっとしてるんですね。物流に乗り、売れるものにはなったんですが、大量生産の商品でしかない。

そのあとアートということを考えたときに、写真技術と一回乖離があります。写真史とアートが乖離してしまったし、またコンピュータ・グラフィックスがアートに含まれなかったということもありました。コンピュータ・グラフィックスは直接映画などのエンタメに使われてしまったので、純然たるアートとしての時期が本当に短かった。一九六〇年代のコンピュータ・グラフィックス・アートみたいなものは、非常に影が薄いんです。

最近もロンドンのホワイトチャペル・アートギャラリーで、「エレクトロニック・スーパー・ハイウェイ」という展覧会があって、ナム・ジュン・パイクの「エレクトロニック・スーパー・ハイウェイ」という言葉を引用しながら、CGの初期の作品などを扱ったのがあったにはあったんですが、こういう事例として本当に扱われることが少ない（図1-1）。CGというのが、物質性をともなう画材と技法の探求なのだということを、意外にも現代アートの人は知らないんですよ。数式があまりに難しいからわかりにくいだけで、本来はもっと画材や技法として扱われるべきなんです。本当はCGのサイエンスを教える学部が、東京藝術大学にもあるべきなんですよ。

清水　そもそも写真すら長いこと芸術扱いじゃなかった。おもに二〇世紀の始めにリンクト

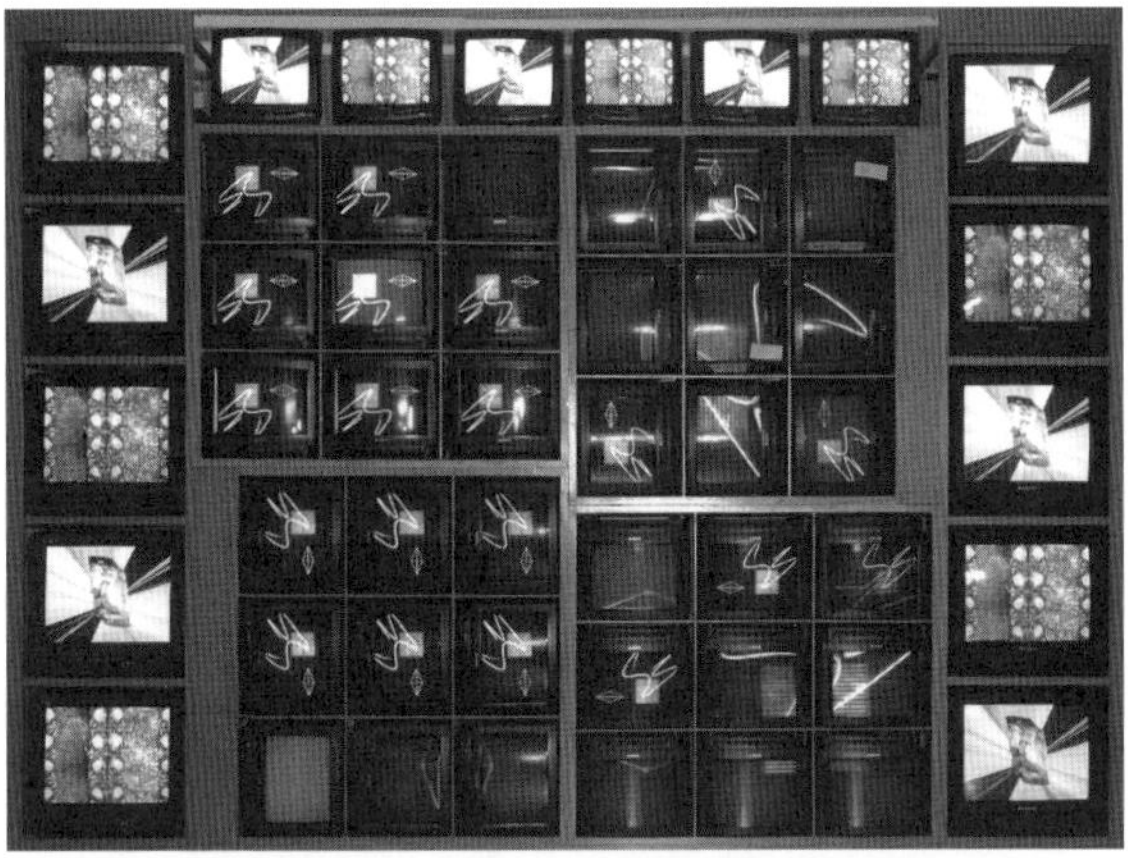

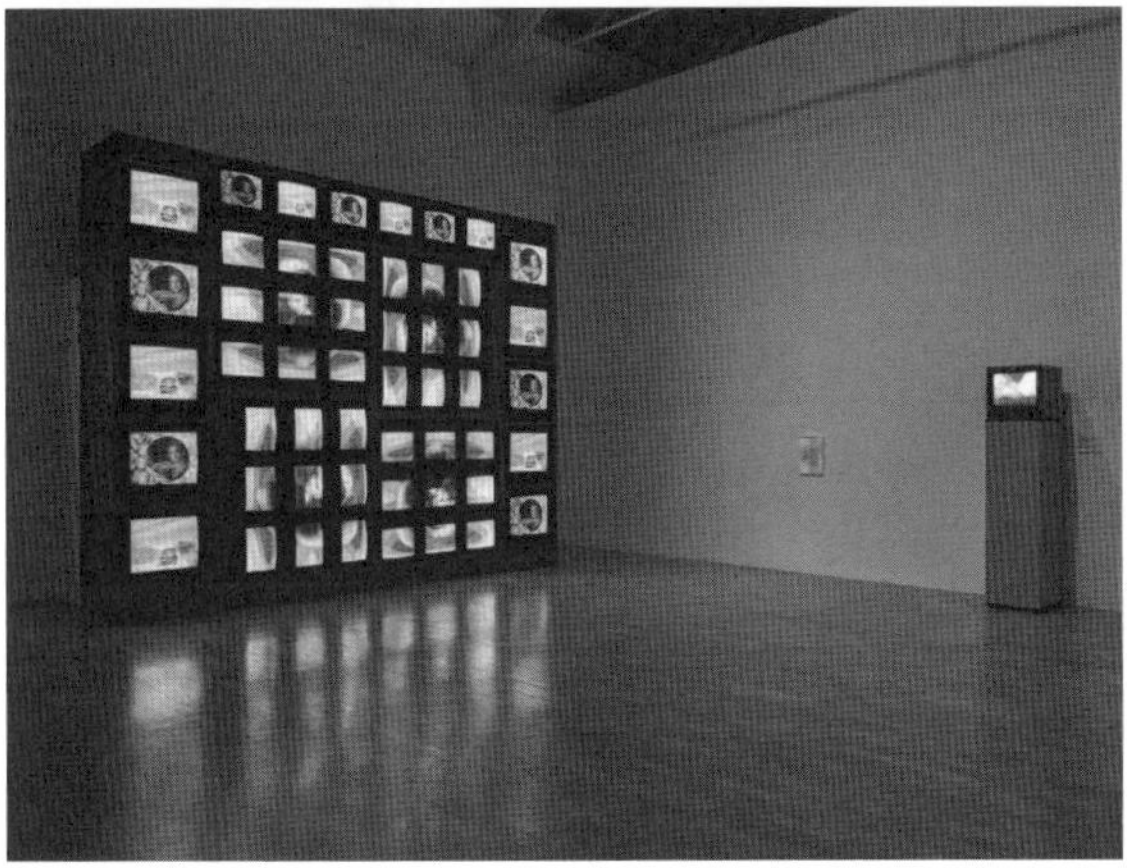

図 1-1　ナム・ジュン・パイク《Internet Dream》1994 年（上），「エレクトロニック・スーパー・ハイウェイ展」2016 年（下）

リングみたいなグループが追求したピクトリアリズムなども、そもそも写真は技術だとしか思われていなかったのを、あえて展覧会をやったりして芸術であると主張したものだった。日本だと芸術写真なんて訳されていたけど、絵画芸術を写真で模倣したいくぶん滑稽なものというイメージが付きまとっていた。僕の曾祖父の上田竹翁はその研究家だったんですよ。『芸術写真』なんて雑誌も刊行していた。『魔法的写真術』って本も書いてましたね。じつは資生堂の福原信三もピクトリアリズムに凝ってたんだけど、先を越されたので『写真芸術』って名前の雑誌を出さざるを得なくなった（笑）。

上妻　でも実際のところ、『写真芸術』では写真の登場自体と重なるように、いろんな人が実験を行っていたんです。先ほどのダントの話に戻すと、彼は写真と絵画の関係を「光学的真実」と「視覚的真実」という概念を用いて説明しています。視覚的真実とは僕たちが肉眼で見る際に捉えるイメージで、光学的真実とはカメラなどを用いて生み出されたイメージを指しています。

たとえば、エドワード・マイブリッジの運動の分解写真は、まさにこの二つの概念を示す最良の例ですね。——あるときカリフォルニアの競馬サークルで、走行中の馬の四本の蹄が同時に地面につくのかどうかが賭けの対象になったんですが、彼は一二台のカメラを一直線上に配置し、馬の動きを連続的に撮影することで、視覚的には確かめられないけれど、そのような瞬間がないということを示したんです。

これこそまさに、光学的真実が誕生した瞬間だった。なぜならそれまで視覚的真実しかイメージをもたなかったわれわれ人間は、実際はあり得ない馬の運動イメージをたくさん描いてきた。そして光学的真実の誕生は、文字通りのイメージを必要とする世界に、大きな影響を及ぼしたんです。事実、街の肖像画家たちはこぞって写真屋さんになった（笑）。

しかしダントは、ここからモダニズムが始まったという。なぜなら新しい空間の表現を追求する人々は、その光学的イメージを、五感では捉えられない実在する運動イメージとして捉えたからです。そしてこの光学的真実を用いて、空間を再構成したんです。彼はそれがたとえばマネの絵画であり、モダニズムのはじまりであるということを示しています。彼のモダニズム定義がおもしろいのは、媒体をもとにしたジャンルを前提にするのではなく、テクノロジーと芸術の発展が、相互に織り込み、織り込まれながらなされていく、としているところにあると思う。実際当時の芸術家は、新しいテクノロジーに相当関心が強かったんです。二〇世紀の技法の革命を考えると、表現の歴史を考える上で、テクノロジーについての知識はすごく重要だと思いますよ。

落合　東京藝大に写真工学科ありましたっけ？　レーザーとかホログラム。

上妻　ないです。

落合　工学的なものは、やっぱりないですよね。映像や先端表現学科みたいなのはありますけど、でも教授に理系の人がそもそも少ないんですよ。本来は写真技術のトップ研究者が藝大にいるべきなんですけど、残念ながら現在はそうなっていないんです。

高解像度と低解像度――物と映像のフェティシズム

落合　僕は最近、「近代」の研究をずっとしています。いま興味あるのは明治の翻訳語と夏目漱石と福澤諭吉と中国語と戦後のＧＨＱですね。そのなかでも明治の翻訳語については特に興味があって、なぜ僕はこんなおかしな言語を話してんだろなと思っています。たとえば「ヴァーチャル・リアリティ」という言葉は、日本語に訳せないんです。それは、現実の「現」という字が、become, visible とか to appear といったような中国語の意味をひきずっているにもかかわらず使っているし、「ヴァーチャル」という概念と対応する日本語がそもそもないんですよね。にもかかわらず、すべて明治の翻訳語によって成り立ってしまっていて、そこの急激な接合によって、日本語で表現できない言葉が増えてしまっているんです。それをいま何とかしたいなと考えています。

近頃は、日曜日の朝、僕は一時間だけ、いつも明治翻訳語の研究をしているんです。明治翻訳語を調べて、かたっぱしから中国語の漢和辞典で調べて、現代に正しい言葉の組みあわせを探していくんです。最近ヴァーチャル・リアリティのヴァーチャルに対応するのは中国語の現象の「象」の字だということがわかってきました。to appear より to imitate という意味の方が、ヴァーチャルに近いんですよね。

清水 これはエレファントの「象」っていう字でもあるよね。白川静の本で読んだけど、韓非子によると、昔は中国の長江の北岸にも象がいないわけじゃなかったけど、生きた象はめったに見られなかった。だから図に描かれたものを見て死体の骨などを照らし合わせて、生きた象を思い浮かべる。そこから直接には見えないものの姿をかたどるという意味が出てきたらしい（笑）。

上妻 なるほど、それはおもしろい。

落合 そういった深読みをすると言葉の問題は、結構大きいと思うんですよ。

清水 そもそも virtual という英語、フランス語だと virtuel だけど、「実質的に」っていう意味もある。語源はラテン語の virtus で「能力」とか「美徳」とかいう強い意味。ヴァーチャル・リアリティを仮想現実の意味だけに捉えてしまいがちなのは、近代以降の日本語の問題でもあるよね。もっとも情報哲学のピエール・レヴィみたいに、フランス語とかでもまだまだヴアーチャルには仮想のものというニュアンスが強いから、ラテン語の語源がもっていた肯定的な意味をもっと意識するべきだと言う人もいる。

ところでさっき、落合くんがCGの話をしていたじゃないですか。コンピュータ・グラフィックスがハリウッドなどでいきなりエンタメのほうに応用されてしまったために、実験的なアートであるという側面が看過されてきたと。では、この場合の実験性というものは、何を目指したものだったんだろう。どうも落合くんを見ていると、映像と物質という二種類のものに……。

落合　フェティシズムがある。

清水　フェティシズムがあって、それが何かおもしろいなあって思うんです。この二種類を混淆したり、あえて分離したり、それらの関係をしきりに取り替えたりしている……。この実験には、たんに美しいとかおもしろいという以上のものがある気がするんです。うまくいくと、その背景にある哲学にまで踏み込める気がする。

落合　本当そうなんですよね。何でフェティシズムがあるかは、これよくいろんなところで話すんですけど、物質はやはりものすごく解像度高いんです。映像というのは物質にくらべ解像度が超低いんです。高解像度と言ったって、現実の物質よりは解像度は高くならないんです。そうなってくると、「解像度が低いもの」と「解像度が高いもの」という僕の概念があって、触れられるというのも解像度が高いベクトルの次元が大きいから、ととらえているんです。一方で、解像度をあえて低いものにかえると気持ちがいいという時もあるんです。次元を大き

図 1-2　逆さ富士（上），チームラボ《小舟と共に踊る鯉によって描かれる水面のドローイング》2015 年（下）

くしたり小さくしたり、媒介する物理現象を変えて光で表現したり……。解像度が高い物質と解像度が低いもののあいだをどうやって作っていくかという試行錯誤がすごく気持ちよくて。

幽玄的だとか、山紫水明的だという風に言ってるんですけど、日本人の美的感覚というのは何か、絵画のなかの富士山がモヤっとしてたら湖面はパッキリしてないと許せないし、逆に片側がパッキリしていたら、もう一方はモヤっとしてないと許せないみたいな（図1-2）。チームラボが描く鯉の周囲はモワッとしてないと許せない、みたいな。この美的感覚について地中海出身の人に話しても「いや、それモワッとしてなくてよくない？」て言われたことがあるんです（笑）。でも僕はトンカツにはキャベツがついていないと嫌だし、カレーライスには福神漬けが付いていないと嫌。僕は強度や解像度にギャップがあるものが一つに接合されている状態に妙に惹かれているんです。だからこそ、自分がもっているメディウムのなかで、その感覚を例示するのに一番近しいものが映像と物質というパラメーターだったんです。

清水　なるほど、両方メディウム（媒体）なんですね。コントラストや対で物事を考えるというのは、日本人の伝統的な思考法でもあるよね。神と仏で神仏とか、ひらがなと漢字とか、あえて共存させる。そしてどちらがどちらの土台になるわけでもなく、唐突に切り替わったりするのに趣向を感じる。着物の片身代わりとか、陶芸の織部焼とかもそうだね。なるほど、解像度の限りなく高いものと、低いものの両極がメディウムになって、それらを行き来するのが気持ちいいと。

落合　どちらもメディウムで、その往来が重要なんですよ。

清水　それらの両方を、往還しながら考えるっていうのは、意外にあんまりないですよね。たぶん落合くんはヴァーチャル・リアリティ自体をそのようなものとして考えていて、強度にギャップがあるそのどちらにも、さっきの「象」に当るものを感じているんだろう。この往還的思考というところに、落合くんの思考を解く鍵があるんじゃないか。往還するんだけど、多極化するみたいな。

再魔術化をめぐって

清水　ところで、今世紀になって哲学では、「物」やオブジェクトの問題がすごく問題になっている。ドイツのマルクス・ガブリエル(3)やイタリアのマウリツィオ・フェラーリスの「新しい実在論」とか、アメリカのグレアム・ハーマン(4)の「オブジェクト指向哲学」とか。二〇世紀の哲学は言語やテキストの問題ばかり語っていたんだけど、なぜ今これほど物という主題が注目されているかと言うと、それだけ物が排除されていたからですね。近代的主体から見ると、それが認識するかぎりでさまざまな現象があって、物そのもの、カントのいう物自体はその外部という立場、剰余のような扱いだった。主体が物や対象を一方的に認識するだけで、物から反転して主体を捉えるという発想がこれまでなかったわけです。落合くんにはさっきも触れたように、一種往還する思想というのがあって、それがおもしろいなと思うわけです。

そういえば、『魔法の世紀』でも、近代の科学の知が発展してきた経緯が語られていたけれど、それはマックス・ウェーバーが言ったように脱魔術化の歴史だった。つまり、物事の原因を分解的に考察していって、基本的な要素からそれらが組み立てられる仕組みを明らかにしていったのが近代科学で、それによって世界から曖昧で不合理な闇が次第に消えさり、脱魔術化していくのだと思われていた。ところが、今コンピュータがディープラーニングを通じて出してくる解答のうちには、もはや人間がどういう筋道でその結論に至ったか説明できないようなものがザラにある。ＡＩ業界のスラングで実際に「黒魔術」って言うらしいですね。これまでずっと、基本要素から再構成して、物を説明したり現象を理解するのは主体の働きで、そのプロセスが重視されていたのに、サイエンス自体がそこから離れてきた。これを再魔術化と落合くんは呼んでいる。

またそもそも、世界がそのように機械論的に説明される一方で、そこから外れた自由なものとして主体が設定されるっていうのが近代人の世界観だけど、そうした二項性ももう古いと言ってますね。脱魔術化は主体から物へのターンだけど、再魔術化は物から主体へのターンでもある……。いわゆる自由な近代的主体という虚構も、そこでは成立しなくなる。そういう「魔術」を使おうとしているのが、落合陽一なんじゃないか。

落合　再魔術化して主体と主体以外が、今日ではあんまりもうはっきりわからないような感じになっているんだと思っています。精神と物質の境界がデジタルで融和する。

なぜこのような解像度の話をさっきしたかというと、僕はコンピュータ・サイエンス出身なんですが、その観点でいけば物質も映像もどちらも数学的な写像としてとらえるんですよね。はじめにデータがあって、それをピクセルなどの並びで表現すれば映像になるし、それをアトムの並びで表現すれば物質になるんですけど、根本的な考え方の中心にデータや数理化やエントロピーなどをおくと、綺麗に平均台のようにバランスが保たれるんです。それが両極端というよりは、一繋ぎの棒のように僕にはイメージできているんです。その中央にあるものによって定義される今と異なった平衡を保つ「自然」というものが、われわれにとっての「デジタルネイチャー」であるという定義。

そういう前提でそもそも、「資本主義」はネイチャーなのか？　ということも結構考えていますね。資本主義というのは要するに、未来や過去という時間方向にレバレッジが効く数理モデルのことだと思うんです。たとえばもしわれわれの感覚器が鼻だけだったらカメムシとゴールドというのは同じように感覚の上でデータ分布を作るはずなんです。われわれは目でゴールドを見てたら、光の分布が中央に山を作り、周りになだらかなスロープを産む、カメムシは匂いの分布で同様に山型の局所的ふくらみをつくりながら周りはなだらかで、データの構造としてはほぼ同じなんだけど、その強弱を匂いの分布でつくるかフォトンの分布で作るかという違いしかないんだととらえています。そういったあらゆる物質の基本的なパラメーターというのは、テンソル[5]で書いて考える。テンソルで記述可能なモノというのを、どのようにして接続していくかというのが問題なんです。僕が機械学習などをしていると、それは人の可感覚な世界とメディウムの調停だから、すべてそういう問題に落ちていくんです。ホログラフィやディープラーニングなどなど……。

　そのテンソル記述できる数理モデルのなかにあるネイチャーというのが、今この世界のどこかに内包、包摂されていると。僕は人間も考えるときはマシンとして同様に扱える。データとして考えているところと、マシンのハードウェア・スペックによって、うっかり変な演算をするところがあって、本当は正確な数理結果を出したいんだけど、数値がある程度のランダムをとってばらつく時があるみたいな感じですね。真ん中にある数理的なネイチャーというのは果たして数学なのかと言われると、なにか数学ではないようにも感じるんですが、でも基本的なところは純粋数学なんです。その数学がもっている自然性みたいなところにすごく興味がありますね。

清水　なるほど。どの感覚器も数理的に記述可能なデータだし、そのコントラストなんだけど、視覚優位の人間はゴールドならゴールドに惹きつけられるし、その結果生まれてくる社会的な形態も数理モデル化できると。違った感覚器を中心に物を提示すれば一気にその流れも変化するかもしれない……。そこに物、オブジェクトの機能があるというわけだね。

落合　そう、オブジェクトみたいな。それがオブジェクト指向でいうオブジェクト。要するにオブジェクトなんです。

清水　そのときに、うっかり変な演算をしてしまうっていう話を今してたよね、そのあたりもう少し詳しく聞かせてもらえませんか？

落合　本質的に混ざってきちゃうんですよね。物質の側から見たデータと映像というのは、データはもうデータとしては表現されない。物質に漸近する。そうすると不可分になる。逆に映像側から見た物質とデータという関係性もおそらく映像の側ではピクセルでしか表現できないので、その差異がわからなくなってくる。どちらかに視点を決めた瞬間に、この関係性というのはぐちゃぐちゃに混ざってしまう。

対立軸で語っていても、こちらとこちらにはっきり分かれることではなく、そのあいだはグラデーションになる。つまり映像的なものと物質的なものはきわめてグラデーションなので、どこまでが映像なのって言われたら、「いや物質に見えるけど触るまでは物質じゃないよね」と言われればそうだし、「触ってても物質じゃないよね」ということもありうる。で、その感覚からすると、まあ全部混ざって違うものになっちゃってるんじゃないかな、と僕は自分の印象としては思っています。つまり、鉄に触れてる時に、これがピクセルの鉄だって一瞬思ってから触ったんだったら、それはもう既に純粋な鉄ではない。あくまでピクセルの鉄で、データとしての鉄と、フィジカルな鉄と、ピクセルの鉄というのが、脳内でもう識別不可能になってるから、「完全な記述はできないけど、鉄の何らかの表現系だと思って触ってる」みたいな。その脱構築的な感覚が日に日に強くなってくるんですよね。

清水　それは、哲学で言う主体と対象の相関性というやつだね。人間は、主体からのアプローチが混じった対象（相関的な対象）しか捉えることができない、という話。でもそれを数理モデルとして扱う方法を、何種類も落合くんはもっている。物はそういう複数のアプローチの切り替えの軸足にもなるんだけど、そういう物じたい固定しないで別のあり方の物も作ってしまえる、というわけか。

上妻　触覚インターフェイスで、触覚まで実装してしまったら、もはやピクセルとアトムの区別がつかない、実践的に同じものが作れちゃう（笑）。

落合　CGの研究をしているとき、どう見ても本物なんだけど、本物か本物じゃないか、映像か、あるいは物質なんじゃないか、という問題自体に、だんだん無関心になってくる。混ざってしまって判別不能だから、「気にしているコストの方が、人類にとっては高い」みたいな状態になったとき、僕らは物の真贋とか、そこに存在するかとかを、特に気にしないピープルになるんじゃないかな、と思っています。そんな風にすでに僕らはなって来ているんです。

そうなってくると、逆に「だから気にしないでなにもしない」というんじゃなくて、一番振れ幅の大きいところを、便利なところ取りで、もう振りまくる。相転移《そうてんい》(6)って呼んでるんですが、あらゆる物が相転移可能になっていけばいくほど、経済合理性というか、物が動きやすくなるので、非常にアクティヴにさまざまなものを作れる。その変換手法をひたすら研究しようというのがうちのラボのモチベーションです。

清水　つまりゴールドならゴールドという、同じ物にだけ惹きつけられる数理モデル、それが資本主義のもとになっていたとすると、そういう対象を変化させることが可能になるというわけだね。

上妻　今の落合くんの話だと、映像と物質という軸をもとにグラデーションになっているわけですよね。五感インターフェイスのようなものをつけて、今落合くんが研究室で行っていることを、3Dの映像じゃなくて、もはやピクセルとアトムの区別がつかないレベルでこの場所に立ち上げることができる。

石とテンソル——デジタルネイチャーの風景

上妻　触っても匂っても映像と物質の違いが区別できない水準になった時に、何にもとづいて、物質の物質性や映像の映像性が定義されるんだろう？　その条件下でたとえば石の石性とは何なんだろうか？

落合　それを「デジタルネイチャー」と呼んでいます。デジタルが定義する自然は、そこの石性に閉じることを否定するメタ的なネイチャーなんだよね。

清水　それをもう、作れてしまうという……。

落合　作れるというか、なんて言ったらいいかな……。アナログで解像度の高い石は古いネイチャーじゃないですか。普通に自然に存在しているんだけど、それを拡大解釈して、デジタル空間まで振ったネイチャーみたいなのがないと、石の石性がもう記述できない。つまり、石というのは、ピクセルで表現したときの石感や、デジタルで表現したときの石感とか、解像度がすごく細かいこととか、化学的にどういったパラメーターをもっているのかとか……。そういったすべてが石なんだけど、背後にデジタルワールドをもったときに、あらゆる数理的なパラメーターをギュッと濃縮して、どのくらい希釈しても石である、写真一枚にしても石であるし、フィジカルに存在しても石であるっていうこの間のグラデーションのすべてが石だとしたら、このベクトル自体が、石という自然物の軸であって、どれも石なんですよ。つまり今まで石というのは一義的にこれしかないという風だったんだけど、ここまでムニューンってベクトルが広がっている。

清水　石の「象《しょう》」だね。さっきの韓非子じゃないけど（笑）。ヴァーチャルなんだけど、実質としてもう「石」。

上妻　現象として捉えられる世界を、数理モデル上で完璧に実装するというときに、まずは石の石性を取り出すわけじゃないですか。そして、取り出すときに重要になってくるのが、われわれの感覚ですよね。石だと匂いがないかもしれないですけど、嗅覚だったり触覚だったり視覚だったりとかっていうものを数値化して、それをたとえば触ったときにインタラクションが起こるようにする。それによって限りなく石に近い、石の触覚に近いものだったり、石の嗅覚に近いものだったりとかを作ることは可能だと。でもこのとき、雑に作られたＣＧの石から解像度の高い物質としての石までグラデーションがあるときに、そういう石の石性っていうものは、人間の五感にもとづいて抽出された数理モデルでしかないんじゃないか。でも、人間の感覚器では感知できない性質が存在しますよね。それらは人間を中心にすると記述されないじゃないですか。

清水　僕もそれはちょっと聞いておきたい。このときケミカルな要素とかはどうなるんだろう？　石の分子の結合とか。五感とは関係ないわけだけど。

落合　だからケミカルな要素とかは触覚に含まれてないので、たぶん人間にはわからないですけど……。

上妻　それは、数理的に記述するんですか？

落合　数理モデルとしては存在しうる。つまり、人は使っていないけど、その性質や特徴を記述しとくかというのは、オブジェクトを書くときには使う思考の仕方です。それがおもしろいなと思うのは、僕の手で触った石みたいなもののテンソル――テンソルって便利な言葉なんですよね。多次元配列で表現された数値の並びって意味なんですけど――その石テンソルとどうやら特徴的には、台風のような自然現象とは似ているみたいな話になってくるんですよ。一度テンソルで表現したものはその構造を比較できる。つまりとある次元に分布する、とある多次元配列みたいなのがあったときに、その構造というのは、どうやらなにかと似ているらしいとなる。

僕の触覚と目の五感空間に作った「石」というオブジェクトと、それの逆行列みたいなものをかけたら、石の反対というのはもっと柔らかいものだと思ってたんだけど、石というものと

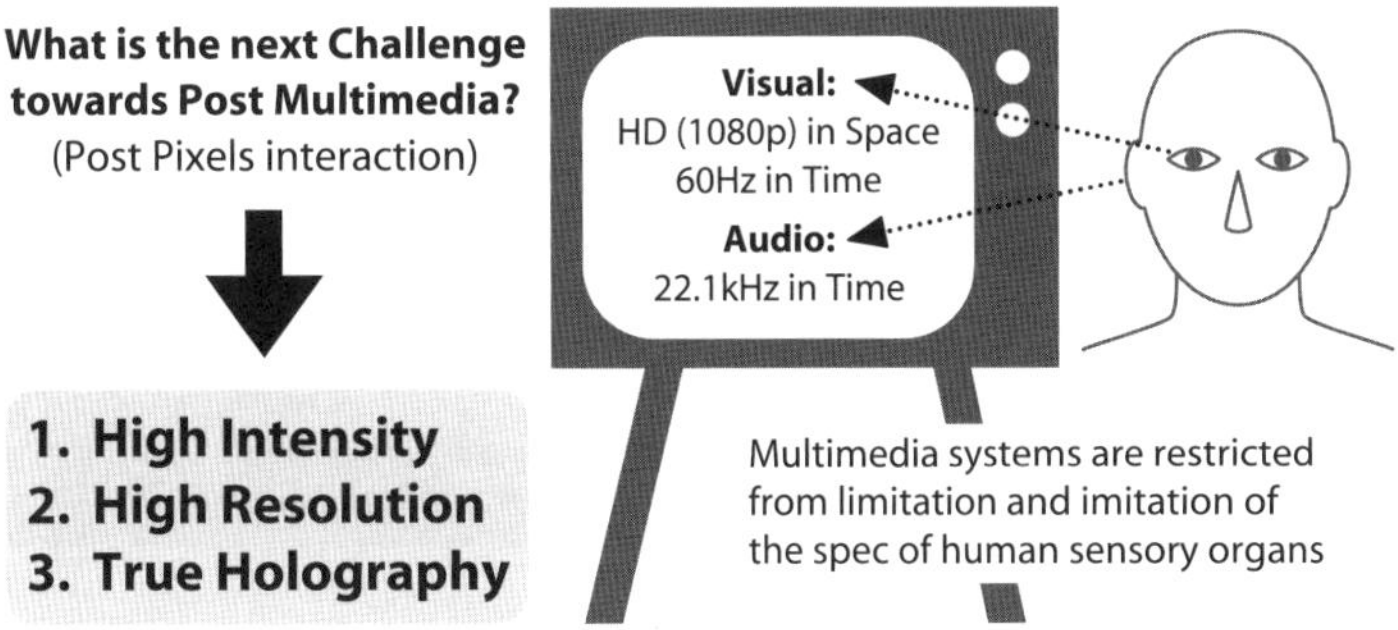

図 1-3

違うものとをかけあわせたものが新たなオブジェクトになる感覚というのはあるかもしれない。僕という知覚系の中と外、そうやって定義されたそのテンソルの形みたいなものが石であって、僕らの脳内にはその感覚器のオーダーに落とし込んだこの脳内のテンソルみたいのがある。また、余剰部分というのも物質のパラメーターにはあって、これはわれわれが知覚できていないけれども、「ある性質の特徴をこう裏返してみたら違う表現系のオブジェクトに見えるものは出てきた。このオブジェクトはオレたちにとってはまったく違うものに見えるんだけど、そうではないなんか違うものだった」みたいなことが多分にあります、と。

上妻　今落合くんが言ったことは、映像におけるフレームレート[7]の話とも関連していると思うんですよね。フレームレートについては落合くんも書いているけど、たとえば映像が一秒間に六〇フレームというのは、人間の目が一秒間に一〇〇フレームまでしか認知できないからなんで

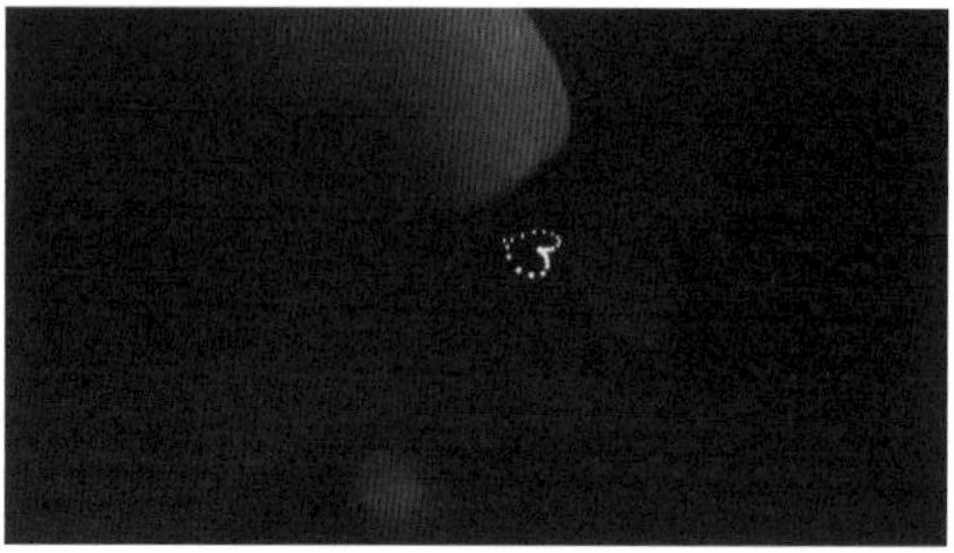

図 1-4　《Fairy Lights in Femto seconds》2015 年

す。つまり人間がつくったものは、ある種人間の写像なんですよ。五感にもとづいて、たとえば石に限りなく近い触覚と知覚と嗅覚をもった石を作るのは可能だと思うんですけど、その時に、五感から外れたもの、つまりフレームレートから外れたものを作らないと、まさにその場所は人間の写像になってしまう。つまり、本当の意味でデジタルネイチャーが成立したと言えるためには、人間の五感の感覚を超えたもの、つまりその剰余まで含めてコミュニケーションを行うことが必須だと思う。

落合　デジタルネイチャーの説明をいちばん最初にするときに僕が最近よく使ってるスライドはコイツです（図1-3）——いつもみんな、シュールだって言うんですけど——。このなかに「ハイ・インテンシティー（より高い強度）」、「ハイ・レゾリューション（高解像度）」、「トゥルー・ホログラフィ（全記録・全再生）」というのがあります。われわれの五感器に認識できない解像度であって、またわれわれの五感器を超えた強度であって、かつそれを超えたテンソル計算を高めたホログラフィである。この宇宙をホログラフィと考えるのは理論物理で追われている議論です。ここではホログラフィというのは、データの表現系によって得られる物理現象の全記録と全再生だと思ってください。

僕がよく実装して楽しんでいるのは、たとえば「超音波」。これは聴覚とか視覚のオーダーにないので、感覚器には記述されない。われわれの感覚の世界には超音波はないんですよね。だから、さきほど言ったように超音波というパラメーターを入れないと自然現象を記述出来ないんだけど、それを人間のオーダー、見えるオーダーまで落とし込んで、また消してやると、さも不思議な現象が起こる、ということなんです。つまり、人間の感覚器的には、感じられない感覚の穴が空いているようなものですからね、感覚外のテンソル計算で作りだされるものは。たとえばこの作品は、赤外光をここからバンバン出しているんだけど、赤外光は目に見えないので、光の粒が浮いてるように見えるんです（図1-4）。われわれ人間の解像度だと赤外光レンジまで見えないので、現象としては体験されるものよりも計算機が出力するテンソルの空間のほうが広いホログラフィ記述になっているわけ。ホログラフィ記述はものすごくレンジが広いけれど、人間の感覚器の窓のところに重なった部分だけしか見えてこないわけです。

このとき、どこの現象をどうやって隠すか、あるいは出すか。僕は、モノを作るときはいつもそんなことばかり考えているんですよ。

機械のパースペクティヴィズム

落合　ここに、めっちゃおもしろい画像が一枚あります。これこれ、ディープラーニングの論文。ディープラーニングで、GAN（Generative Adversarial Network 敵対的生成ネットワーク）という、三年前くらいから出てきた手法があるんです。学習機を騙すように学習させると、非常におもしろい多彩なものが出せるんです。たとえば、画像認識をしているコンピュータにこれを見せると、九〇パーセント以上の確率でこれはデジタル時計であるとか、これはコンピュータのキーボードだとか、サッカーボールであるとかという風に認識をだませるんです。これはあきらかにわれわれが知覚しないテンソルの分布までコンピュータが学習しているからなんです。つまり、僕らの知覚のテンソルがあって、そこから外れた領域の分布もコンピュータは対象だと認識するよう学習している。これはすごいおもしろい。たとえばこれはストロベリーだし、これはスクールバスだし……（図1-5）。

清水　これまで哲学で語られてきた認識主体は、あくまでも人間の感覚器のオーダーに落としたテンソルでしかなかったけど、もっと異なるものが数理モデルとしてはいくらでも記述で

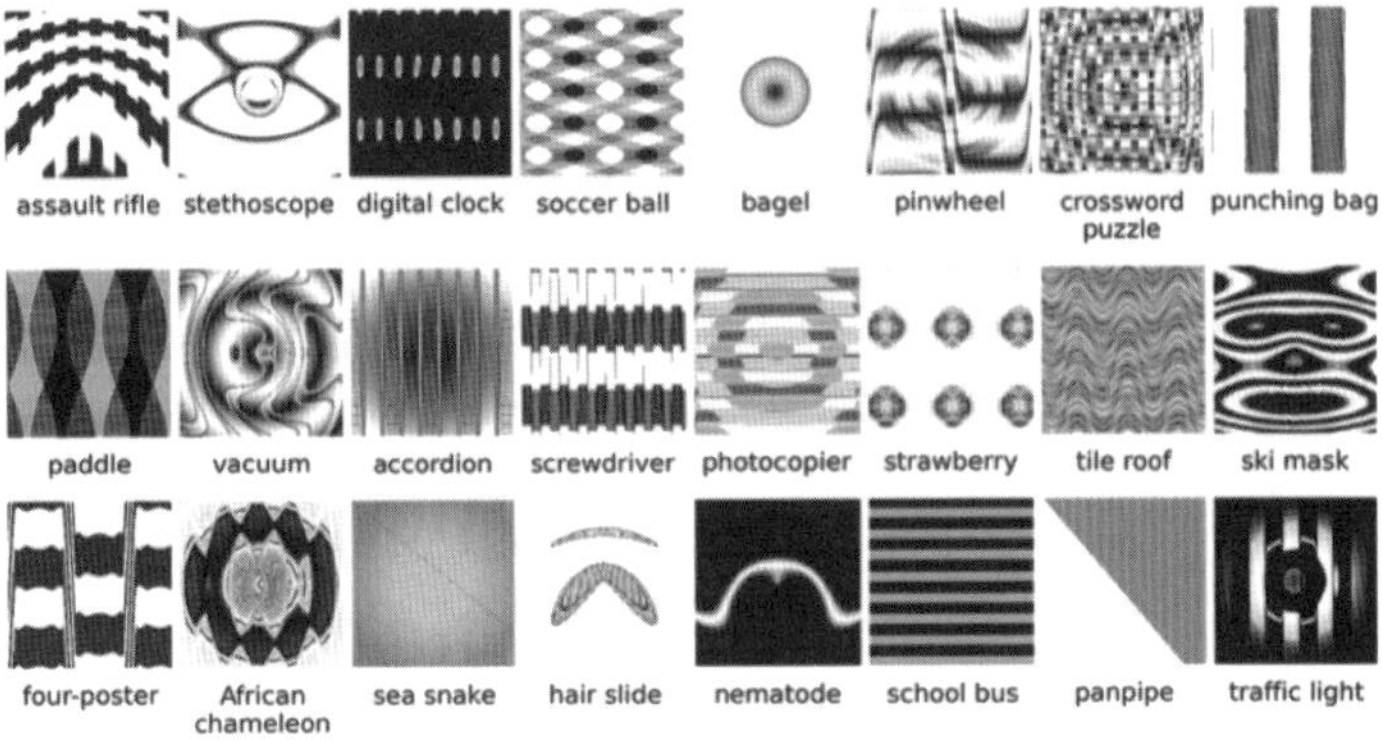

図 1-5　ストロベリー（中段右から 3 番目），スクールバス（下段右から 3 番目）

きる……。つまりこれは、拡張された知性とか主体の話をしているわけだね。

二一世紀の哲学ではグレアム・ハーマンみたいに、物が物に対して「感覚的対象」として現れるという妙な議論をする人がいる。人間がその感覚器を通じてなんらかの対象を見るとき、われわれが知覚しえない部分がその対象にはあるのと同じように、物と物どうしも限定された部分しかお互いに表しあっていない。ただ「感覚的対象」として現れているだけだ、というような言い方をする。人類学でも、ヴィヴェイロス・デ・カストロ[8]のアニミズム論のように、非人間のパースペクティヴはどんなものかという議論を今盛んにしている。そんな風にいうと、物や生物には人間とは違うパースペクティヴがあって世界が多重になっている、なんて妙なことを言うな、客観的世界は一つに決まっているだろう、みたいな反論がすぐになされるわけだけど、知性や感覚をテンソルという形で拡張してしまうと、われわれのパースペクティヴがいかに限定的なものかがまざまざと明らかになってくるわけだ。

落合　つまり機械にもパースペクティヴがあるって話なんです。

清水　その辺の話、もっと聞きたいですね。

落合　この機械のパースペクティヴを、ここ数年のコンピュータビジョンの人たちはわれわれ含め研究していて、僕らは当たり前のようにラボで、「これGANでちょっと書いてみてよ」とやるわけですよ。そうしたときに、われわれもこれがベーグルだといわれれば、こうした特徴を見て「ベーグルである」と視覚しかないやつらは感じるんだろうな、と思うわけじゃないですか。ここに、匂いとか、もっと違う脳の構造とかのテンソルをかけあわせてやったら、きっと解けるかもしれない。

これがベーグルに見えるコンピュータに、「人間のテンソルというのはこれだから、もうちょっとこの空間を拡張してやったら」というと、「あー、なるほど」といって、「人間風のベーグルというのはこういうことか」とわかるかもしれない。「君らが脳内でイメージするのはこの形でしょ、でも僕らにはこれがスカイマスクに見える」とか、「僕らにはこれがパンパイプに見える」とか、「シースネイクに見える」とかいう風に見えちゃうんですよ。それがそう見えることについて、「あー、なるほどね」と思うわけじゃないですか。これはすごくおもしろい。そういうことを考えると、あきらかにデジタルネイチャーなものは、人間が知覚しないオーダーまで含んだ数理的な結合の中心点の多次元配列で表現される、つまりテンソルである、というふうに思えるんです。よく言ってるのは、エントロピーの意味で、データによるネイチャーというのがあって、それをどうやって解いていくか、というのは興味深い問題です。そうしたときに、われわれの世界で分離されているものを相転移させていくと互いの潜在的な関係性がよく見えてくる。どのように解けて行くのかも見えてくる。

清水　こうして話を聞いていると、「相転移」の話っていうのは、哲学や人類学で見られる、交差交換と呼ばれるものと近いのかなっていう感じがするね。たとえば人類学でも、これまでは文化単位というものが漠然とあって、それをフィールドワークで調査する。再帰人類学と呼ばれるポストモダン人類学とかだと、フィールドワーカーはどの文化にも帰属しない「旅人」であって、そういう人が文化を相対化する役割を担っていた。そのうえでの文化相対論だったんだね。逆に言えば、さまざまな文化を相対化しながら結びつけるのは、この旅人＝フィールドワーカーという固定された媒体だった。

　ところが本当のところ、文化を相対化しつつ、かつ繋いでいく媒体は人間じゃなくて、それぞれの文化で重要な役割をもっている「道具」という、「物」なんじゃないかと最近では言われているんだよね。マリリン・ストラザーン[9]という、イギリスの代表的な人類学者はそんな風に主張している。なぜ「道具」に注目するかというと、ある道具があると、それをめぐってどんな儀礼を行うとか、どんな使い方でそれに関わるかということで、部族や集落の特性が決まってくる。道具をめぐる人間の配置というか、布置みたいなものがその部族の文化なわけです。ところがその道具が、別の部族ではちがった使われ方をする。するとちがう布置、ちがう文化を生むわけですね。つまり道具という物が文化を相対化し、かつ繋ぐわけなんだ。

一方でその別の布置、文化のうちには、別の道具もあって、それがまたさらに別の布置、文化とも繋がっていたりする。こういう風に、ジグザグに置き換わっていくと、媒体としての道具、物も多様化するし、文化もまた多様に分かれていく。そういう置き換わりや往還を交差交換と呼んでいるんですね。このとき、布置といったのは、さっきの落合くんの話だとさまざまな異種のパースペクティヴだし、それを可視化するというか、わかるようにさせるのが相転移によってでてくるさまざまなおもしろいものなんだろうけど、これがストラザーンでいう「道具」ってことだね。

落合　点を打っているということですよね。それはすごいよくわかるなあ。

清水　さまざまな点、結合の中心点となるものを、媒体として手を替え、品を替え、ピックアップして採り上げる。エントロピー的な混淆ではなく、メリハリをつける。ストラザーンの場合だと、それが、「道具」なんです。さっき話していたみたいに、「人間が知覚しないオーダーまで含んだ数理的な結合の中心点」を扱うというと、生物種までまたぐ媒体になるわけだけど、人間どうしでもすでに部族ごとに結構ズレがあり、それを結んでいるのが「道具」だというわけ。

落合　近いですね。点というのは、基底ベクトルの組み合わせでできていることが多いので、こっちにベクトルがあり、こっちにベクトルがあり、こっちにベクトルがあったときに、縮退しない次元を作るためには、違うベクトルが何本もあると思ったときに、それが二つ設定されれば線がひけるし、三つあれば空間がわかってくるし、それがいくつもいくつもできると、やがてそれがどういう空間の写像だったのか、というのがなんとなくわかってくるというのは、数学で習う、われわれが二〇世紀によくやってきた数理モデルです。そういうようなものを作る時に、なにとなにとの相転移を起こすような表現系とか、体験の数理モデル化みたいなのを繰り返していって、そのなかで見えてくる高い次元の空間、つまりボクセル(10)ならボクセル、ピクセルならピクセル、線だったら線の特徴がディープラーニングのなかに入っている。それがすごいおもしろい。

近代的主体とヒューマンネイチャーを超える

落合　僕が思うに、今のインターネットというのは、輪郭から描き出した人間の形をしていると思うんです。今のインターネット上のコンテンツというのは人間の感覚器の写像なので、まだきわめて人間的なんです。つまり、われわれが喋るとか、われわれが見るとか、われわれが使うデータだけの集まりなんですね。今後、放射能とか超音波とか、紫外線、赤外線、X線でできたデータとか、そういった物理量の写像がビッグデータのなかにもっとたくさん入ってきて、それをコンピュータのなかで学習させて出てくるインタラクション、要するにｂｏｔとかが喋り出すみたいな――喋るというのは比喩です――、ｂｏｔとかが人間と同様に意味のある情報をインターネット上に供給しはじめたら、ネットはもっと人より高次元のネイチャーになるはずなんです。

　インターネットというのはまだ人間的コンテンツを扱っているので、今後、それはネイチャーにならないといけないと思う。宇宙人がやってきてそれを解析したら、人間には目が二つついていることとかはわかるようなもの。たとえば宇宙人がスマホを宇宙の片隅で拾ったら、この地球人はきっと可視光を使って通信をしていて、触覚のインターフェイスをもっていて、空気を伝搬する音声震動を鼓膜かなんかで受けているというところまでわかるかもしれない。

機械が人間の感覚器や力学的機能の写像であるということは昔から言われています。その到達する先から見たら、ヒューマンネイチャーとはなんだったんだろう、と思うわけじゃないですか。ヒューマンネイチャーというのは、どうやら変な形でヨーロッパ史のなかで、不完全な抽象化で定義されているんじゃないか、と僕は最近ずっと思っています。ルソーとジョン・ロックの復習をしているんですけれども。

清水　その件に関していうと、デカルトの遺著で『人間論』(*traité de l'homme*) というのがあって、その影響がかなり大きいんだよね。デカルトはそのなかで、ルイ一四世の居城サン・ジェルマン・アン・レーにあった等身大の自動人形 (オートマトン) と人間の機構を比較したりしている。この本だと、動物までは機械とみなしていい、という奇妙な定義をしている。人間を特権化した一方で、動物は機械のほうにふりわけざるを得なかった。どこが違っているかというと、人間は理性という「万能の道具」をもっていると言うんだ。普通の道具はその用途に縛られているが、理性はそうではない、と。デカルトは近代以降に機械論的世界観が打ち建てられるにあたって最大の貢献をした人だけど、人間がいよいよ機械のように思えてきて、特定の用途にしばられない「万能の道具」としての理性をもった自由な人間主体というものを立てざるを得なくなった。だけどそもそも、さっきのストラザーンの話じゃないけど、普通に物としての道具もあらかじめ決まった用途に縛られてばかりいるわけではないんだよね。

また、オウムは喋るんだけど、「自分が考えていることを喋っている」という自覚がない。だから人間は違うとも言うんだけど、ネットなんかを見ていても自分が考えたわけでもないことを喋っている人は幾らでもいるよね（笑）。

落合　そうそう。まずデカルトでしょ、そしてルソー、あとジョン・ロック。デカルトも、機械論のあとで、人間が記述される方法として、物質と精神という二分法的な話が多い。主体という話は、この時代の思考が大きく影響しています。たとえば男と女とか、人と機械とか、健常者と障害者、それからLGBT、国籍、肌の色、宗教みたいなものは、近代にならないと規定されていかない。つまり、健常者を規定しないと障害者も生まれないし、機械が出てこないと人間についてわからなかった。国家で分けてみないと国籍はわからないし、肌の色が違う人と会わないと肌の色についても考えてこない。そういったことを踏まえると、わりとデカルトがやらかしていること、ルソーがやらかしていること、ジョン・ロックがやらかしていることがわかるわけです。彼らの時代のレンジでは、考える機械というものが想定できないからしかたなかったんですけれど、今は考える機械というものと、人間やデータの構造的解析が進んだ結果、人間というものが物質的であることや、主体というものが法的定義や、近代のもたらす二分法による定義によって成り立っている場合が多いことがわかるようになった。

清水　確かにそうだね。近代の人たちっていうのは、機械論でぎりぎりまで行きたいわけなんですよ。マックス・ウェーバーが脱魔術化をめぐる議論で語ったように、物事の成り立っている原因を、既知の諸要素にまで分解して、そこからどう組み立てられていったのかというプロセスを明らかにすることが近代科学の思考で、これを最初に方法として打ち出したのがまさにデカルトだった。一つの長い鎖をつなぐように、一歩一歩推論を辿っていくと、そのつながりが明らかになり、それまで曖昧であったものが明らかになる……。ちょうど時計を分解して、歯車や部品から組み立て直すような思考が機械論だね。とはいえ既存の細部から全体としての物が構成されて、がっちりと決まってしまっている世界にも、どうも近代人は息苦しさを感じざるを得ない。そこで機械論的なものの反対側に、自由な主体とかその精神、といったものを置こうとするわけだ。

ただ、このとき人間主体は、機械論的に決定されるものと、もっぱら二元論的に対置されるものでしかなくて、たんなる逆ベクトルになっている。僕はそういう二元論的な対置の関係を、「背反的にある」という風に呼んでいるんだけど、まさにそんな感じだね。

とはいえ現代のような再魔術化の時代には、そのような鎖の連なりはもう可視化できなくて、いきなり物や現象がでてくる。さっきの相転移の話もそうで、普通ならあり得ないような違ったものを作ることができて、それがさまざまな異質なパースペクティヴを前提にしていたりする。

さっきの人類学の例だと、道具が布置を、布置が道具を含むようにあって、しかもその両極が多様に変わっていくといった、ジグザグの関係が生まれていた。つまりそこでは二項は背反的ではなくて、相互包摂的だったんですね。僕は人間と機械の関係とか、映像と物質の関係とかも、やはりそうあるべきだと思う。どちらかがどちらかを上回るという話ではなくて、どちらもが相互包摂しあって、双方の多様性がひきだされてくる、そういう発想がこれからは重要だと思うんです。次回以降の座談会で本格的に話したいけど、じつはこれは、現代の哲学がまさに考えようとしていることでもある。社会のあり方を分析するうえでもそういう発想があって、かつ美意識の面でもそうしたものにずっと惹かれているのが、落合くんのおもしろいところだね。

機械による「多自然」世界を生きるために

落合　そこに力を入れてやってますね。実際に物を作りながら考えているから、現場からわかることが多いです。二項対立であったもののあいだをグラデーションにするというのは、GANなんですよ。「敵対的生成ネットワーク」というディープラーニングの一手法が、近頃クールだと言われています。ここ一〇年でもっともいいアイディアだと言われていたこともあるんです。深い階層性をもった人工ニューロンを用いて自動偏微分を行うのがディープラーニングの基本方式で、その生成と判定を行って中間の顔などを生成可能なネットワークが作れた。これが、ここ二年のディープラーニングの進歩です。それによって馬をシマウマの絵に変えたりとか、映像を三次元に変えたりとか、今いろいろ出ていますよね。あれはGANの功績が大きい。そういうことを考えると、僕らはありとあらゆる事象をコンピュータのなかに入れ、それを取り出し、混ぜて、置きかえてみると、「近代」とは違った着地をすることもある。必ずしも物理モデルじゃなくてもいいんです。人間の心理モデルでもなんでもいいんですけれど、そういったことをやってみると、人の考えた「近代」と異なった着地をするというところがありえる。「近代」というのは全然ネイチャーではなくて、ネイチャーというのはほっといたらそうなりそうなものをネイチャーと言うんだと僕は思うんですけれども、「近代」というのは自然ではないが自然という口実がたちそうなものをがんばって作ってきたんですね。

清水　人間主体に対置される、いわゆる唯一の自然。

落合　唯一の自然みたいなもの。それってなんか違うんじゃないかなと僕は思っています。

それをどうやってみんなにわかりやすく説明するのかというと、たしかに言葉で説明するというのも大切でがんばってやってはいるんですけど、多様な自然を機械で作ってしまうのが一番よいと僕は思っています。

清水　人類学で多自然と言ってるものを、機械で作ってしまう（笑）。そのインパクトはたしかに非常に強くて、そういうものをどんどん作るから落合陽一は新しいのかな、という風に思われがちなんだけど、むしろ思想そのものが二一世紀なんだね。やっと最近、いろんな分野が二一世紀らしくなってきてうれしいな、と僕も思うんだけど、そう思っている人がまだあまりいない。

上妻　ここにしかいない（笑）。

落合　「近代」が問題なんですよ。

清水　世の中はまだまだ、「近代」すぎる。さっき最初に触れた『超ＡＩ時代の生存戦略』でも、人機一体とか、ワークとライフを対照的なものとして考えないとか、近代モデルの二項性に対するアンチテーゼがいくつも出てくるよね。近代は、部分から全体をがっちりと組み立てるような世界像をもっているけど、この部分と全体というのも背反的に捉えている。自由で個人的な主体があるとされる一方で、全体としての社会の拘束も強い。とはいえ、あの本でも全体とは繋がらないところで生きる個別のライフスタイルの価値を認めていて、一種の棲み分け論を語っているよね。そういう人たちの主体性というのは、近代ではない主体性なんだろうか？　それとも、棲み分けた人たちの小さな近代性があるってことなんだろうか？

落合　コミュニティ的な近代にいたい人たちを守ってあげるにはコミュニティを分割するしかないのかもしれない。それを超越したい人たちは別にいいんです。でも、超越したい人が殺されない世界はどういう世界か。越境しない人たちを、時間をかけてインターネットはすり減らしていくんだろうなと思う。その人たちが働かなくてもいいリアルゲームみたいなのがあって、ゲームに人を入れてあげて、幸せに過ごさせる。人間の寿命というのはインターネットからしたらたいした長くはないから、一〇〇〇年ぐらい、そういう人たちが衰退していくのを……。

清水　そこでもギャンブル性のようなものが重要で、ギャンブルをやった報酬としてちゃんとしたオブジェクトみたいなものが与えられるべきだという話をしているよね。ゴールドでもカメムシでもどっちでもいいという境地にまでいたらない人のために、ゲーム用の報酬とかコインのようなものがあって、そのエリアはちゃんとそれでまわってゆくということかな。

落合　そうです。オブジェクトみたいなものがあって、楽しく生きられるようにしてあげる、というのがポイントです。

清水　そういう場所をあちこちに作るってことですよね。その棲み分け論のなかで主体化というのは、似たような主体が横ならびになって競うことから生まれてくる……。

落合　その人たちは主体を切磋琢磨するような近代的な生き方をしている。近代のなかでマッチョになりたいと思っているから。

清水　話を聞いていると、結構それって今西錦司の「棲み分け理論」とも近いなと思う。今西錦司は独特の進化論を唱えた京都学派の伝説的な学者だけど、彼と経済学者のハイエクの対談っていうのを以前読んだんですよ。ハイエクは、社会を機能させるさまざまな習慣は文化的に蓄積され、競争のなかで優れた習慣が残っていく、そういう淘汰があるという考え方をする。だから人間がただ頭で考えた効率性よりも、そちらのほうが優れているって言うんだよね。これはむしろ、落合くん的にはリアルゲーム的な競争のなかで環境に適応しているんだという話になる。

これに対して今西錦司は、結局、動物であれなんであれ、「カルチャー」みたいなものがあるんだという……。生物の種というのは、ある普遍的な括りのなかにそれぞれの個体がすっぽり包摂されるというようなことではなくて、同じ種の生物どうしが互いにシンクロしあってお互いを認知する、それによって生まれるんだと考える。そのための媒体が、「カルチャー」だっていうんだね。彼の進化論は、いわばそういう普遍的なコミュニケーション論なんだよ。

そして、この「カルチャー」自体が、自然に変わるべくして変わると。だけどそのこと自体に生存上のメリットは何もないっていうんだよね。サルも「カルチャー」が変わると一斉に立つ、そうなると違う種になってまた棲み分けが起こるっていう話をしている。この「カルチャー」が、同一種の関係を可視化するオブジェクトなんだよね。このオブジェクトが相転移していく、おのずとどんどん変わっていくというのが、近代を超えた状態だと思う。

落合　僕も最近そういったことをずっと考えていますね。「べき論」で語るところというのがロジックであって、「べき論」で語らないところは文化教養《カルチャー》の問題であると思っています。文化教養の問題は合理性をまったくともなわないから、とてもやりたいところでもあるんです。僕には技術的な使命もあって、それはコンピューテーションなんですよ。やりたいところでよくやっているのは幽玄とか透明へのフェティシズムみたいなところで、だけどコンピューテーションもやるべきなんでやっているんですね。それがたぶん僕が他人に理解されないことの一つなんですよ。「なんだあいつ、アートやってればいいじゃん」と言われるけれど、「やるべきところがあるのにそれをやらないとまずいしな」とも思うし、やりたいことはたくさんあるんで、それはやってて楽しいからやっている、みたいな感じですね。

清水　その「幽玄とか透明へのフェティシズム」は、フェティシズムを通じて逆に特定の物へのフェティシズムを超えようとするもの、いわば相転移するフェティシズムだと思うけど、これは「やりたいこと」なんだね。そしてそれがメディアアートをやる落合くんであると。一方でそれを、近代を超えるとか、近代的主体を超える、という問題として語るときは、「べき論」として語っているということ?

落合　べき論ですね。僕のなかでのべき論というか、やるべきことは「人による近代」を終らせる、ということです。つまり、新しい自然観の構築。一言でいえば、これが僕のライフテーマです。

清水　なるほど。近代批判とか、西洋文明批判とかが二〇世紀に沢山でてきたけれど、ポストモダンまで含めてどれも文化相対論の延長でしかなかった。ここまで明確に、ネイチャーそのものを相対化した世界観をもっていて、それを社会分析とアートの双方に一挙に応用しようとしているのはすごいよ。

落合　今われわれが研究室でテーマにしているのは、コンピューテーションによる光と音の波動を使ったエジソン・フォードスタイルの更新です。これは、二〇世紀の工学のあり方をどうやって計算機で更新するかという一つのプロセスですね。

清水　完全に納得した。これは多自然論なんだよ。

上妻　多自然論を数理モデルで説明したら、たしかに非常にわかりやすい。インターネットが人間的だというのも、思考のフレームが近代的すぎるという話も、その原因は人間の五感モデルと言語モデルを前提にしているからですよね。しかしそうではない世界観が、デジタルネイチャーのようにいくつか現れ始めている。さっき石の話をしたけれど、計算機が人間の知覚不可能な領域、つまり余剰の部分同士を計算するなら、人間の五感以外の世界を、現象として取り出すことができる。先ほど、紫外線だったり赤外線だったり、超音波を取り出して、インターネット上にそういうものが表現されるようになったら、もはや人間のインターネットより広いインターネットになるという話が出ましたよね。とはいえ見えないものを単に数字に表すだけでは、まだあまり意味はないと思う。たとえばビッグデータ的にまったく見えないもの同士の間に、なんらかの関係性があるということがわかり、それが人間的な現象のレベルで表現されるようになったときに、やっと近代が終る。

落合　だから相転移ですよね。人間にとって知らない現象が現れる。データ自然みたいなものがある。

清水　僕が長年研究しているミシェル・セール(11)が「大いなる物語」って呼んでいるものも、大体そうしたものなんだよね。生物とか有機体だけが情報のやりとりをしていると思われているけれども、セールは、そうじゃないと言うんだ。自然のものも情報を受けるし、発信するし、加工すらする。たとえばアポトーシス、あれは生物だけれど、突然自動的に細胞が死んだり、ああいうのも全部コミュニケーションだって言うんだよ。それらすべてが多重に包摂しあった、世界そのものの物語がある。それを、「大いなる物語」と彼は呼んでいるんだ。データ自然としての多自然を、ひっくるめて起こっているのが「大いなる物語」で、そこではさまざまなパースペクティヴ、さまざまなシンクロがあり、さまざまなコミュニケーションがやり取りされている。

落合　「空間にそういう構造を、人間に知覚不能なレンジで構成可能か？」と言われたら、それはホログラフィで構成可能です、みたいな。あとは強度の問題なので、「可視光以外でも使えるんじゃないですか」という話になってくるわけです。こういうのは僕らは得意です。数理的な写像ばっかりやっていると、たしかに視覚レンジや聴覚レンジを超えても、自然というものはある。つまり、僕たちが知覚不能なところで、光と音が会話しているんです。これ、めちゃくちゃおもしろいじゃないですか。そんなことばっかりやってるんだけれど、でも、これがなかなか論文となると理解されない。

上妻　なるほど、なるほど。

落合　このようなことは、僕のなかではプログラムで書けるんです。数式で書かないと論文が通らないから数式で書くんです。最近僕らがやっていておもしろいのは、メタマテリアルといったものです。メタマテリアルというのは、負の屈折率とか、自然界にない波の反射をする素材をコンピュータで設計するというのが、最近ネイチャー系とかで、とても流行ってるんですけれども、そこをいま僕らはずっと考えてる。

たとえばこの空間からある一点のところだけで音が消えるとか、ある一点のところだけ光が消えるとか、そういうような性質をもっている素材というのはなんだろうとか、うちのラボはそういったことばかりやってるんですね。そういったことばかりしていると、僕らの感覚レンジの測定器ばっかりがこの世界にはあるけど、じつは人間の感覚器とか波動性みたいなものとは関係ない構造、つまりそういうメタ構造みたいなものが、いっぱいあるんだろうな、ということがわかってくるんです。

エジソンと蓄音機

清水　ところで、エジソンが蓄音機を作ったときに、あれはコミュニケーションの道具だっていうつもりで作ったのがおもしろいとか言ってたじゃない。あれってどういう意味？

落合　彼の伝記とかを読んでいると、口述をして、他人と話すときの言葉の記録とか、他人が考えているストーリーを知るとか、そういうのに使ったほうがおもしろいみたいなことを言ってるんですね。たとえば自分の肉声を手紙にして相手に送るといったようなこと。時間がズレた電話みたいな……。

清水　なるほどそうなんだね。そういう時間差コミュニケーションみたいなものを考えていたんじゃないかと。蓄音機も、さっき話していた唯一の自然、客観的時間と客観的な空間が一つあるという近代人の世界像を、技術的にズラす装置を作る実験だったと考えるわけだね。エジソンが、遠いところとリアルタイムでつながって時間を共有するというのとは、むしろ真逆のことを考えていたのだとするとおもしろいですね。インターネットも、リアルタイムで距離のある人間同士が交信するものだから、時間や空間の幅とその豊かさを無化してしまう悪しきものなんだ、という議論があった。ポール・ヴィリリオみたいな論者は、『情報化爆弾』（*La Bombe informatique*）とか『瞬間の未来派』（*Le Futurisme de l'instant*）とかそんな本でそういう論陣を張ったものだけど、実際にはタイムラグのあるコミュニケーションとか、空間的にもどこに何が伝わっていくかわからないという、真逆の現象をとめどもなく増殖させることになった。もはやそれがSNSに取り巻かれた僕たちの日常だよね。蓄音機でエジソンが作ろうとしたのも、そうした唯一の客観的時間の攪乱だったというのはおもしろいですね。

落合　そこに、とても注目しています。そんなこと普通考えないよな、って思ったんです。

清水　普通に考えたら、蓄音機ってただ音の再生のための機械だよね。同じ音をまた何回も聴きたいときに便利だっていう……。

落合　音楽でなく、誰かが録音したものを手紙のように渡すということがコミュニケーションだと、エジソンは言っている。なぜそこにエジソンが辿り着いたのかが全然理解できなかったんです。だけど、おそらくエジソンは耳が悪かったから、時間差でもコミュニケーションをとりたかったんだと思う。あるとき誰かがしゃべったことを、そのときは生返事で理解していたとしても、あとからわかりたかったんだろうな、と僕は理解したんです。それって、非常におもしろいなと思います。エジソンは、チャーミングなので僕は大好きなんですよ。エジソンは性格が悪いとか言われていましたけど、現在のメディアについての予測があたってますからね。エジソンは、映像装置を一人一つもつべきだと言っていたし、それをコミュニケーションに使え、とも言っているし、あるべき電気供給は直流だ、とも言っている。デジタルのほとんどは直流っすよ。でも、交流じゃないと長距離配線できないんで、キャズムを越えられなかっただけなんです。エジソンは、キャズムを越えるのが超苦手ですね。独立したフォードといっしょに会社やればよかったのに。

清水　キャズム（大きな深い溝）っていうのは、イノベーターが新しい商品を世に送ろうとするとき、既存のメインストリーム市場に参入するのに大きな溝がある、っていうやつですね。メインストリーム市場の人々は、すでにある商品の安心感を重視しているので、そちらに入り込むのには相当工夫しなければならない。落合くん自身も、いろいろなことを試みていて、以前からある価値、古い価値を守ろうとする人たちの陣地に飛び込んでしまって、途方に暮れるような気持ちになることってないんですか？

落合　今の時代では、理解されていないですね。ただ、それは過渡期の問題だと思っています。僕は、「君が実装するよりは、ちょっと待ってたほうが誰かが作ってくれるよ」みたいなことを、よく言うんです。時代のほうが早いから、それはきっとすぐにできる、伸びが悪い君が動き出さなくても時代が処理する、と。それはより顕著になる。いま誰が何を考えているのかというのを翻訳してくれるアップ・トゥ・デートな知識というのが、たぶん今後一〇年以内のうちに、ディクテーション的に補完されるようになってくると思います。グーグルスカラーの次に読むべき論文みたいな。

……エジソンは、「メンロパークの魔術師」と呼ばれてたからなあ。エジソンのやってたことは、みなあまり理解していなかったと思います。一〇〇年ぐらい理解していなかったと思います。

清水　結局それも時間差コミュニケーションであると（笑）。「俺はこんなことを考えている」ってエジソンも肉声で吹き込んでおけばよかった。

さっきの相転移の話とかメディアアートの話っていうのは、幽玄に対するフェティシズムという、根本的な美意識の話でもあるけど、やっぱりヴァーチャル・リアリティや、技術との関わりのなかで世界そのものの感じ方を変えるものじゃないですか。

二一世紀の哲学で物という主題が重視されているのも、リアリズムとか実在とは何かということが、今あらためて問われているからですよ。近代的二元論じゃないところでそういう問題を考えようとしている……。それで僕は、いっそ機械とかそういう回路を外して、哲学の問題として直接に理論化できないかなと思ってるんだよね。文化人類学的の例などもとてもおもしろいんだけど、局所的な文化の現象だし、もっと拡張されたモデルを哲学で作れないかと思っているんです。ここで話題になっている、相転移して出てくる物と、その前提になっている人間とは異質なパースペクティヴの交錯、往還というのは、いってみればオブジェクトと（非人間的な）主体の関係、その多様なヴァリエーションだと思うんだ。

そもそもオブジェクトと主体の関係というのは、お互いにその都度そうした役割を演じているだけで、じつは交換可能なんだという考え方は、哲学にもあるんです。これはたとえば、ウィリアム・ジェイムズ(12)のプラグマティズムを特徴づけている中性一元論という理論だったりするんだけど、この考え方をさらに発展させて、現代の新しいさまざまな実在論と結びつけ、さっき相転移の話でしていたような展開を定式化できないかなと思っているんです。それで今、いろいろ書いているところなんだよ。

上妻　さっきの数理モデルでも、近年の哲学的な議論のコアな部分はきれいに説明できると思いました。というのは、こちらの小さい集合を人間の五感と言語に受け容れる論理集合だと考えると、その集合を含むより広い論理空間があるわけじゃないですか。人間の五感以外の外側にある波だったりとか、不可知な性質同士の相互作用から生じるデータを含んだ論理空間。その上で、たとえばSiriで不可知領域のデータを参照すると、今あなたは何々すると仕事の効率があがるよ、と言われるような時代がくる。

つまりデジタルネイチャーという大きな論理集合と、人間という論理集合が、そこでは相互に入れ子状態になるわけです。ある意味怖くもあるんだけど、ダントの言うように芸術の歴史というのは、そういった不可視の領域との関連性の中で相互に生成してきたものなので、僕はすごくわくわくしますね。デジタルネイチャーにあるより広い情報を取り出すと、今まで人間が五感で知り得なかったことを知りうる。その時デジタルネイチャーは、ある種の主体になるわけだけど、次はその情報を知り得た上でさらに別の行為や制作を行うことができて、さらにそれが現象的に現れ、さらにまたそれがデジタルネイチャーにフィードバックされる。そのフィードバックループの中で作品と数理モデルが相互に生成していく……。

清水　なるほど、でもそのフィードバックも、現象的な次元だと経験されるものでもあるよね。数理モデルで記述できるにしても、それ以前の経験の段階でも定義できないかなぁ、と思うんだよね。

たとえば、さっきの人類学のストラザーンの例で出てきた、道具と布置の交差交換みたいなものを、プラグマティックな経験論一般に拡張して似たような構造のモデルを作ることができれば、数理モデルに落とす以前に理論化できるんじゃないかと思うんだ。

資本主義というネイチャー

清水　ところで、話を少し戻すと、近代社会と物の関係なんだけど。そこで働いている独特のフェティシズムってあると思うんですよ。たとえば貨幣なら貨幣、資源なら資源への欲求とか。さっきはゴールドとカメムシの話がでていたけれど、その主題についてもう少し詳しく聞かせてもらえませんか？　近代的主体を超えるというのが一つのテーマとしてあるとして、近代的主体といっしょにあるような下部構造とか、そこで主体の役割を結果として固定させている物の働きを、どう考えるのか？

落合　ああ、なるほど。資本主義はネイチャーだ、っていう話ですね。

清水　そうそう、そのあたり。

落合　資本主義のような構造の発生は、ネイチャーだと思うんですよ。要するに滝とか、噴火とか……。噴火リスクは少ないけれど、噴火することはあるじゃないですか。そういうのが

清水　つまり、さっき出てきたエントロピー的に混淆していく前のデータというものが、ネイチャーだと思うんです。数理的に予測不可能なものが突然ブレイクするとか言うのは、資本主義なものがなかでよくあることで、それをマグマの部分をカネで表現して、データ構造を保ったまま変換して微生物が処理可能な形にするとか。そういう自然界でよく見られるようなフラクタル構造を、データと法人で置き換えると市場経済が成立する、みたいわゆる「モデル」の話なんです。

図1-6　ゴールド（左）とカメムシ（右）

イチャーのうちにはある。だとすれば、資本主義経済で追求される価値や希少性も、その観点から捉えられるんじゃないかということかな？

落合　今言ったようなことを考えていくと、ネイチャーじゃないものもいっぱいあるんですよね。お金をゴールドに交換するとかは、全然ネイチャーじゃない。でも、ゴールドに交換するということをしたとします。そうするとゴールドとおなじような空間分布をお金がするかと

70

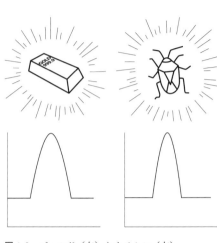

いうと、するんですよね。この辺は、僕はビジュアルじゃないとなにを言っているかわからないので、僕がいつも説明するときに使っているスライドを見ながら説明しますね。よく使うスライドはこのへんにあって……あったあった、これこれ（図１‑６）。ゴールドをBRDFモデル[13]で記述するとこんなふうです、と。中央に光がプーンとなってて、残りは黒いです。で、たぶんカメムシも同じような匂い空間というか、匂い分布をもっています。逆にいうと、紙幣というヴァーチャルなものと、ゴールドを交換可能にしたりすると、土中に埋まっているゴールドと同様の空間分布をとりたがるんじゃないかということ。

概念的な話ではなくて、具体的な話です。ここにあります、と。非常に局在性があきらかです。この領域のなかでは確率的にはこれぐらいしかないです、と。このメッシュを記述で描いたら、レア度というもので、エッジが効いてくる。逆にいうと、とりあえず価値の定まっていないよくわからない日本銀行券を、この特性をもっているやつと交換可能にしたら、こいつ自体も社会のなかで構造をもつようになるんじゃないかということが、交換の本質なんではないかとよく思っています。つまり、とある数理モデルがもっている性質を写像するには、とある価値に置き換えてみると、あとから作った何かが、それと同じような分布価値をもつようになるということです。だけどゴールドと交換できなくなった瞬間に、紙幣はあきらかにお金ではなくなっていくんです。ゴールドと交換可能な間は、これと同じような、別な尺度でですよ、たとえば社会のなかでお金をもっている人というのはこういう分布だとか、そういうものなんだけれど、そういうものじゃなくなっていくんです。

清水　でもゴールドと同じぐらいレアにしか空間的には分布していないものって、いくらでもあるよね。人間による選好がそこで、なぜそこでゴールドに向かうのか。それについてさらに補足してくれないかな。

落合　僕は光っているからだと思っています。網膜のなかでも光沢感のある金属というのは特殊な見た目をしていて、これは、こっちがXYの空間分布だとして、フォトンの分布としてはピキンとあるわけですよ。それがこの図です。光が当たったときに中央だけ明るく光り、周囲が暗いというのは金属の特殊な性質なんです。黄色い金属で光ってさびにくいものというのはゴールドぐらいしかない。ずっとその輝きを保っている。この性質は、人間の好みにあっているのかもしれない。たとえば、カメムシのことをわれわれの多くは嫌っていますけれど、でももしもカメムシが通貨になるとしたら、その民族には目ではなくて鼻しかないんじゃないか、みたいな。そういうようなことをよく考えたりするんです。こういうような構造をもっているもの……たとえば、チャキッ、チャキッとした歯ごたえがあるとか、時間方向の一部に刺激が強いみたいなものというのは、結構たくさんあるんです。そういう局在する空間分布をもっている感覚器に対する性質があるものを、やっぱり人間は好むんですね。

清水　あと重い、腐敗したり錆びたりしないというのもあるかもしれないね。

上妻　今たぶん、ゴールドの話をしたのでフェティッシュの話が平均的な話になったんだけど、アートの話に戻すと、さっき言ってた、たとえば日本人はどうして絵の構造としてコントラストがあるものが好きなのかとか、そういう問題も見えてくると思うんですよね。

一休宗純について——見えないが、「ある」もの

清水　ところで、もう一つ前からどうしても聞きたかったことがあるんだけど、いいですか？　落合くんはすごく室町時代の臨済宗の僧である一休のことが好きですよね、一休宗純。いわゆる一休さん。それはどのあたりに特に魅力を感じてるんですか？　『狂雲集』みたいな漢詩集もあるけど、ああいうものなのかな？

落合　一休の好きなところは、「わからなくてもいいじゃん」と言っているところとか、二項対立より進んでいるところですね。デジタルネイチャーしつづけていくと、自分の主体のあり方というか、やり口というか、僕は自分の自我を保つ方法が一休ぐらいしか見当たらないんです。いろんなものをひたすらバラバラにしていくと、「一休ってなに言ってるかわからない

けれど、一休の気持ちがとてもよくわかる」みたいな気持ちになるんです。

清水 なんだろうな、「有漏路より無漏路に帰る一休み」とかああいう歌にも、物と映像の間を漂っているような感じがあるとか……。

落合 そうです。非常に一休にシンパシーを感じるんです。

清水 それはたとえばどんな？

落合 一休は悟ったときに、カラスはいないけれどカラスの声はここにある、みたいなことを言っているんですね。

清水 なるほど。一休は夜半に琵琶湖で舟を浮かべて、そこで座禅していたんですよね。暗闇でカラスの鳴き声だけがしていて、目には見えないんだけれど、それはある。仏もそんな風にあると悟ったという。これはさっきの話とまさにつながりますね。そういえば、一休が晩年いっしょに暮していた恋人の森女《しんじょ》も盲目だったし、最初に盲目の琵琶法師が平家物語を弾くのを聴いて「洞山三頓《とうざんさんとん》の公案」を悟って、一休という名前をもらったともいう。一休宗純は「見えない」という状態にすごく縁があるよね。

そもそも禅そのものが、そういうセンスを重視しているようにも思える。「銀椀裏《ぎんわんり》に雪を盛る」なんていう言葉があって、銀のお椀に雪を盛ると、雪も銀も区別できなくなってしまうっていう意味で、これだけだとだから何？　って感じだけど、おそらく冷たさが伝わってくる。

銀は熱伝導率が最高にいい物質だからね（笑）。「見えない」のにまざまざとある。手に持っていられないくらいに。

落合　感覚器の写像ではないものによって記述されるなにかということから、きっと何かに気がついてしまったがゆえに、「なんか違和感がある、時代だな、人が設定したフレームは」と思って一休は生きていたと思うんです。一休のやっていることはおもしろい。一休とエジソンが大好きです。エジソンは、忙しいのが好きな人だった。だから、そういうことをあまり考えないで生きていける程度に忙しかったはずなんです。「一日二〇時間働いても足りんわ」ってよくエジソンは言ってましたから。夕飯を食わなければ寝ないですむ、みたいなこともエジソンは言ってた。だけど、一休もクロック早そうだなとか、エンジニアリングをしてなかったから忙しくなかったのかな、とか思ったりすると、一休のやってることもわかるんです。

清水　風狂という、とてつもなく奇抜で破天荒で、しかも風雅な生き方をしたけど、民衆にも慕われていたよね。

落合　一休の着ている服、ヨウジヤマモトっぽいんだよな（笑）。ボロきれみたいな服なんだけれど、カッコイイんだよな。ガイコツとかついている感じって、僕のヴィジュアルイメージではコムデギャルソンかヨウジヤマモトなんです。一休好きなんですよね。

清水　なるほどね。一休は畿内一円をずっと放浪してまわって、当時海外貿易の拠点だった堺にもよく訪れていたみたいなんだけど、そのころ茶の湯の創始者村田珠光《じゅこう》なんかも弟子で、ずっと禅を学んでいたらしいね。珠光に字を書いてやったりして、それが茶室の掛け軸の始まりだともいう。一休の側からすると、堺で茶の湯で「一休み」していたのかも知れないね。

さまざまな時間と空間

落合　僕は日本人にとっての宇宙の始まりは、明治時代だと思っています（笑）。宇宙というのは明治時代まで、存在も始まりもしなかったんです、と。宇宙は明治に翻訳語として採用されたものなんですよ。もともとの英語的ユニバースというのは「人格」の話をしていて、たとえば the universe と言ったら「全人類」という意味もある。ユニは統一、バースは方向を変えることだけど、韻とか詩という意味もあります。でも翻訳語の宇宙というのは「次元」の話をしているんですよね。宇は「四方上下」で空間、宙は「往古来今」で時間という意味。つまり多様な時間と空間です。そう考えたとき、たとえば承認型な自由というのがユニバース、人格的な宇宙においては存在しうるけれど……。

上妻　単線的になっちゃうんですよね、ユニバースになると。束ねられて統合されるというイメージ。

落合　漢字でいう宇宙は次元なので、そういう「人の世」、「世間」をもはや超えている。宇宙は、東洋的にはテンソルの問題なんです。テンソルの問題になってしまうと、テンソルの分布に従うネイチャーであるというのは必然なので、日本人が今ホログラフィ宇宙論とかで世界をリードしているのは、こうした思想空間にいるからかもしれない。

上妻　意識的な時間軸ではないということ、つまり単線的な時間軸じゃない。それはグリーンバーグの歴史観が意識的、恣意的であることを示すと同時に、別の歴史を描きなおす契機にもなりますね。

落合　定義を更新すると得られる補集合による理解。

清水　哲学者のエリー・デューリング[14]も、会うたびにそういう話をしているね。彼は僕の友人なんだけど、双子のパラドックスの例などを挙げて、複数の時間の流れが共在しているとはどういうことかというのを考えている。それらすべてを包括する、単一の時間的基準があるわけではない、という話をよくしている。彼もまた、もはや文化相対論ではなくて自然や宇宙そのものの相対性に着目している人だね。最近では人類学の多自然論やパースペクティヴィズムにも興味をもっている。奇妙なコントラストをもったアートとか、ネッカーキューブ[15]みたいな錯視を惹き起こす構造が彼はすごく好きなんだよ。さっき落合くんが、モヤっとしてるのとパキッとしてるのと、コントラストがあるのがいいと言ってたでしょう？　ああいう感性がある人なんだよね。

上妻　デューリングはポアンカレ(16)の影響を強く受けてる人ですよね。ポアンカレはどちらかというと一九世紀後半の人だけど、二〇世紀にポアンカレの影響を受けた大物が科学界と芸術界にいるんです。一人がアインシュタインで、もう一人がピカソですね。エリー・デューリングって、ベルクソンとアインシュタインの論争について博論を書いているじゃないですか。僕は彼とよくデュシャンやピカソの話をしているんです。それって必然的で、そもそも二〇世紀の科学と芸術が、人間の知覚世界を超えた抽象空間を前提に作られているからなんですよ。

アインシュタインの発見も、マイケルソン・モーリーの実験(17)が大きかったと言われることもあるんだけど、光速度不変の原理を前提に世界を描きなおす思考実験がそこでは重要な役割を果たしていた。つまり、ここでいう抽象空間というのは一般に言われる抽象的、曖昧ということではなく、五感を超えた運動や形を捉えかえす上で必要となる抽象的場のことなんです……。僕たちが当たり前だと思っている量子の性質だって、二重スリット実験によって現象化された部分から概念空間で数学的に再構成することで、その確からしさが確認されているわけです。

清水　デューリングは、じつは二〇世紀初頭のベル・エポックの感性をリバイバルしているようにも僕には思えるんだよね。ロマン主義とその難解で大仰な表現から抜け出して、地中海的な明澄さを志向した時代が文学にもあって、僕は昔からそういう趣味性に惹かれているんだけど、彼にもそれを感じるんだよ。

上妻　ピカソやデュシャンの大きなテーマの一つが四次元なんです。そもそもダントのモダニズム理解からしても、ピカソやアインシュタインの例にしても、知覚世界を一度超えた空間を前提にしないと理解できない。一九世紀後半から二〇世紀前半は原子の実在性が確かめられたり、X線が発見されたり、最初に言ったマイブリッチの連続写真だったりといった人間の知覚の外側の世界の実在が次々に露わになってきた時代なんです。だからこそ、彼らは五感を前提にした表現から新しい時空間の表現を探求する必要があった。

二〇世紀のはじまりには、単純な機械化の脅威があったのではなく、人間の見えない世界の実在が確からしくなり、それによって時空間の新しい表現が求められるようになっていたわけです。デュシャンは三次元空間で表現される彼の芸術を、四次元の影として捉えていた。これはまさに僕たちが今向き合っている転回とも重なる部分があると思います。

清水　ああ、なるほど。さっきの物と映像の話じゃないけれど、人間にとっての知覚世界という制限を一回外した位置に立って、そこから作品を作っていくと……。それが当時は次元という言い方になっていたわけか。

上妻　ただデュシャンの場合は、こっちとあっちの行き来がないんですよ。それがあくまで二〇世紀的であると思う点です。同様にアインシュタイン・ミンコフスキー四次元時空(18)が静的であると言われる理由でもあると思います。でも、落合くんの世界観はある種その行き来が前提になっている。僕は美術の歴史を時空間の探究として捉えているので、二〇世紀と二一世紀の違いはここにあると思っています。

清水　行き来と多数性があるというのと、オブジェクト（物）が入れ替わって行くというのが、今の学問的には新しい動きなんだよね。そういう入れ替わりによって更新されていくというか、新しくなっていくというのが。

これまではたとえば、主体と機械とか、全体と部分とか、いろんな対立二項をまず置くわけです。それらはあくまでも背反的にあって。でも、たとえばロシアのマトリョーシカ人形みたいに、小さい人形を中に入れていくちょっと大きい人形、それを中に入れていくさらに大きな人形がある、という構造を考えると、大きかったはずの人形もじつは（それを含む人形から見れば）小さい人形でもあったんだね、という、相対化のされ方もある。対立二項は、なしくずしに中間化、曖昧化されてしまうんだという批評理論も、沢山あった。とはいえいずれにせよ、ずうっと一本調子の相対化のプロセスがあるというのが、二〇世紀までに出てきた議論ですね。

もっとも、それだと同じ入れ子のプロセスに回収されるだけだから、マトリョーシカ構造を今度はいわば横に複数化して、何体も並べてみようという発想もある。これが脱構築理論です。

二項対立の背反的構造を変えないまま、相対化のプロセスを複数にしようとするもの。

落合　そういう話じゃないんですけれどね。個々のマトリョーシカについては自分で工学的に実装してみて、そのオーバーラップが計算していると見えてくるんですよね。それはたぶん人間がぼんやりと抽象言語で思考している世界よりはよりネイチャーなものが見えてきていて、とてもおもしろいなと思っています。

モチーフから、メディアへ

上妻　今回聞いておきたかったんですが、コンテンツなき芸術は存在するかという議論をされてたじゃないですか。

落合　包括的に話すなら、メディアを作るしかない、ということなんです。だからメディアアートだってことなんですけれども。

上妻　アートにおいては表現形として、デュシャンの例でもそうですけど、最終的に作品という枠組みを見せ、つまり三次元に、人間の見える形に落としこまないといけない。そういう意味では、やはりコンテンツは必要なのではないかとも思うんだけど。

落合　それはポイントですね。メディア性をもった彫刻がコンテンツかどうかっていうのはなかなか議論になるんです。時空間に分布しているものでしか人間は知覚できない。四次元まで落とさないと、人間というのは感覚器に落とせないので。四次元ぐらいに落とすとすると、時空間彫刻みたいなもので作るしかないんです。そのなかで、作られるモチーフというのはなんなんだろうと思ったときに、作られるモチーフは、たぶんビジュアルモチーフをどれだけ希薄化できるかという問題であると。で、研究しているときは、もっとメディア性が高くて、モチーフそれ自体は正直なんでもいいよ、というモノを作るんです。

けれど、アートという名前を最後につけるときに、モチーフはがんばって希薄化したけれど、これが残ったモチーフです、というのが、僕の中でよくあるパターンですね。アーティストはモチーフを作りたがるから、モチーフを消せ、ってよくうちの学生には言っています。モチーフというのはコンテクストの問題とコンテンツの問題であって、結構ナイーヴなんです。モチーフではなくてメディアになるには、モチーフをなるべく消そうと思ったが消えなかったぐらいのところでエモさを追求しろ、と僕は言っています。

上妻　なるほど。メディアを作るということは、モチーフを自在に操る潜在力が増すということを意味している。そして、最近の傾向だと文脈やモチーフにかえって寄りかかってしまいがちになっている。だから、そちらに惑わされずに作品を作るべきだという話だったんですね。

さきほど言ったように、モダニズムの歴史は新しい時空間の表現のための実験であったと捉えることもできるわけで、そう考えたらそもそも技法や原理の追求こそが重要だったし、落合くんの主張は正当であると言える。

落合　二〇世紀の美術史的な流れは、「エジソンがやってたことは芸術行為である」ということを認めれば、それで接続可能だと思う。

清水　もはや終ってしまう？

落合　つまり、現像として成立します。

写真技術を作っていた人というのは、コンテンツを作っているわけだから、フランスの美術史的にはアーティストに接続可能なんだけれど、その親玉的なエジソンが芸術家として扱われないのには疑問がありますよね。エジソンとリュミエール兄弟[19]をメディアアーティストと呼べば、この話は成立するんです。

最初に写真を撮ったニエプス[20]は、写真史からすればアーティストですよね？　ニエプスは写真芸術的にはアーティストだと考えられるのに、なぜその仕組みをさらに拡張していった、映像史のなかの初期の発明家たちが、アーティストとして扱われないのかというのは、おそらく当時の芸術家が科学的・工学的知識の不足から理解できなかったからだと思うんですよね。今コンピュータ・グラフィックスの議論をしているときに、ＣＧの数理モデルを理解したうえでアートに接続できないのも、どうやらそこのあたりの才能がなさすぎるからだと思うんです。直感的な理解を数式が超えると、アーティストと呼びたくないのかもしれない。それは教育の問題な気がしています。なぜなら全員がそういった素養があったら、あきらかにエジソンはアーティストですよ。その感覚がないだけだと思うんですよね。

上妻　科学的な素養がないことが一つの原因だと。とはいえ、グリーンバーグが媒体固有性を中心に据えて歴史を描いたように、エジソンがアーティストであるという別の文脈を用意する必要がありますよね。

落合　エジソンの作ったものは「中期的」にはどれも売れていないし、しかもどれもきわめて一品もの的な価値のほうが高い。かつそれが実用性をともなっておらず、文化的な訴求力だけがある。だって、エジソンは、新聞記者を呼んであたらしい五感の表現ができたよ、とプレゼンをするんですよ。アーティスティックなんです。それでいてエンタメにもしていないし、かつそのころは産業にもなっていないんです。僕は、その社会の受容をアートとしかとらえられない。会社は経営していたけれどね。初期のプロセスが村上隆[21]さんみたいな感じなんです。会社を作って、一番エモいものを作って、それがどんなツールで使われているかは知りませんが、あたらしい光だとかあたらしい音の仕組みみたいなものを作ったときに、それが文化的な価値をある種もっていて、文化的な訴求力ももっていて、社会的な訴求力ももっていて、そこに資本が入って、それが一品ものの作品として売れたりしていくという過程は、きわめてアート的なものとしてしか僕にはとらえられないですけどね。

上妻　でも村上隆の場合はスーパーフラット[22]という概念を生み出すことで、西洋絵画の文脈と日本の文脈を接合し、自らの作品の位置づけを行っている。彼は原理を生み出しながら、文脈にも接合している。またチームラボ[23]はテクノロジーを使っているけど、どちらかというと狩野派などの伝統的な日本画の研究を通じてモチーフを押し出すことで文脈と接続している。

落合　思うのは、優秀な批評家が出てきてくれれば……。僕からすると、「おまえらは写真史のときに犯したあやまちというのをしっかり復習したのか？」という感じなんです。写真芸術のときに、「あきらかに何回かミスってない？」ということだと思うんですよ。岡本太郎が縄文土器を再発見したように、誰かがメディアアートのなかに写真芸術的工学との接続を再発見すれば、写真史から映画史まで、現代芸術のなかで評価されていなかった一〇〇年分の歴史を込められると思います。そのように考えるほうがエキサイティングだと思いますけどね。

上妻　なるほど、それはそうですね。

落合　だって、一八四〇年代にまちがって、一九五〇年代に二回目もまちがっているから、チームラボのもっている複製可能なコンピュータ・グラフィックスのモチーフも、この二回の断絶があるためにもう会話できなくなっているだけです。最初のニエプスをアーティストだと認めること、そしてエジソンをアーティストとして認めること、最後にコンピュータ・グラフィックスを作ったアイバン・サザランド(24)をアーティストだと認めれば、その三段階のホップでチームラボもすとんといく。それがポイントです。当時、金が儲かりそうだからこれは発明である、と言われていたものが、発明ではなくて表現であるとなぜ言えなかったのかを、批評的に復習していく必要がある。だって、あきらかに先人はミスったんだから。数学とかだったら考えをあらためることはよくあるでしょう。なぜ美学とか美術というのはそういう性質をもっていないのかというのは、はなはだ疑問です。

上妻　いや、もっていないわけじゃなくて、本当はもってる。できるはずなんだけれど、今やろうとしている人がいない、あるいは目立たないだけです。

落合　やってくれればいい。

上妻　僕はやろうと思っています。少なくとも今回モダニズムの歴史をサイエンスやテクノロジーの発展によって五感の外側の実在性が確からしくなったことで生じた世界観の更新とそれに呼応した芸術家たちの新たな時空間の探究として捉えるという視点を出せたことは、デジタルネイチャーを更に新たな時空間の表現として理解する上で役に立つんだと思うんです。文脈とモチーフのゲームは終わり、原理と技法の探究という視点を再起動することができる。

落合　こういう写真の話があれば、接続性は大丈夫ですよ。写真史の終わりがけに映像が出てきて、その映像はあまりに新しかったので、最初美術には入れなかったんじゃないですかね。

清水　今のところメディアアーティスト以外のイメージで、ぐんぐん落合くんの知名度が上がっているというのはたしかにある。だけど、デジタルネイチャーの探究は、それじたい自然観の更新であり、近代文明やその主体への懐疑であり、なによりもアートなんだということが今回よくわかったね。その活動が、最初のニエプスからエジソン、そしてサザランドの表現者、アーティストとしての価値を遅ればせながら評価しなおすことにつながると本当に素晴らしいね。

第2章

近代の終焉

標準化《スタンダーダイゼーション》の起源

――落合、二人にノートPCで動画を見せながら目を輝かせて語る。静かに音楽が流れている。

落合　このWOW(1)さんの動画の不思議な影は、プロジェクターで映像を結像させたものではないんですよ。ここに影絵でいうところの影があって、光が出て影が出来てくるんです。影絵というのは、床や壁などのエッジ（端）と接触していない影というのは存在しないんですよね。無重力の影というのはないから。ただ、ディスプレイの影だから、自在な濃度で、球とか丸とかも打てるので、変な影ができるんです。このキッパリしている感じが本当に気持ち悪くて……、重力かかってるの（図2-1）。

清水　つなぎ目とか重力をなくしたいというのは、『魔法の世紀』でも自分のテーマだって落合くんは語ってたけど、現物のエッジと接触しない影というのは言われてみるとたしかに奇妙だね。

落合　フレームレートでつなげる重力ですね。つなぎ目のない影だから、気持ち悪い。だからここに、丸い物が浮いてて、ここに丸い影が出るということは世の中にはないんですよね。無接触な点から影が出てくることは絶対ないんです。液晶パネルで影を任意に作るようにすると、それがいっぱい見えて変な感じなんですよね。

清水　なるほど。実体のない……。

落合　実体のないというか、接続されてない影が……。見た目が気持ち悪くて、すごっ！と思った。

清水　投影図っていうテーマは、哲学でも語られるんだよね。ライプニッツによると、神は世界の事物を平面分解図のように見ている、しかし人間には投影図しか見えていない、って言うんです。実体からどこかの方向へ落ちる影のようなもの、これが人間の知覚の限界だった。神とモノ、人と神のそういう関係じたいが変わってしまう……。

図 2-1　WOW《LUX―ルクス―》2017 年

落合　よくあるいわゆるモーション・グラフィックス的な映像が出てるんで、「ＷＯＷさんカッコイイね、キレッキレだね」みたいな感じで見る人は見るんですけど。僕、光専門なんで、「この影、じつは見たことないだろ、人類」と思って。結構びっくりしたのはありました。めちゃくちゃいいですよ、あれ。だって、僕、動画をずっと回してますもん。

上妻　Twitter見たらその動画があったんで、今からちょっと見てみます。

落合　これとか。こんな影とか見たことないでしょ。

清水　ああ、すごい。解像度がでかい。

落合　ここにパネルがこうあって、これが、ずっと動いてるんですよ。真ん中がランプで光がついてて、だからここに線が出てくれば、こんな風に、影が出てくる。中がただ単純に光ってるだけなんですけど、ランプが付いてて、で、そこのランプからこう……影が。それで、上から影が、ヒュッと降りてくることは普通はないんですよ。重力下では、上から影が下に落ちてくることはないんです。だって、影になるような物が上からふってくるような状況はないじゃないですか。こんなにキッパリとした影が、世の中にできるわけもないんですよね。

上妻　なるほど。一見しただけじゃ、解説なしだと凄さがわからないですね。

落合　そうそう、ぜんぜんわからないと思うんですけど。

清水　一つひとつはごく小さいんですよね。

落合　自然には、こんな影はないんですよ。だからとてもびっくりしちゃって。僕は、歴史に残るほどびっくりすることだと思いました。だって、天井から槍が突き出たりとか、空間がねじれてないとこんな影はできないですから。

上妻　なるほどね。

落合　この映像は、見るべきですよ。この違和感の正体を言語化できる人は滅多にいない。

上妻　おもしろい。

落合　壁に映っている影とかは、クワクボリョウタ[2]感が出てて、昨今のメディアアート的な感じです。そこは見なれた感じなんですけど、床がありえない動きをしてる。

上妻　確かに言われてみるとそうですね。

清水　これはありえないなあ、滅多に起こんないよ、この現象は。

落合　現実ではありえない重力感なんです。重力から浮いていないとこんな影はできない。アナログで作った灯籠みたいなものがたくさん置いてあるんですけど、それはどうでもいいんです（笑）。上から下に影がおりてくるってことが、すごくてありえないことなんです。真ん中でパキッて切れてるところとかは、作れないでしょうね。液晶の光の操作性の素晴らしさを久しぶりに感じました。ちなみに、こういう透明液晶は流行っています。チームラボがＤＭＭのオフィスの窓をこれにしたりしていますね。結構欲しいな、とは思ったりしています。

清水　前回は、『魔法の世紀』ですでに出ていた、落合くんの問題意識をもう一度掘り下げてみるという話だった。一〇年単位ぐらいで変わる《文脈のアート》に対して、《原理のアート》を作っていくっていう話と、デジタルネイチャー。そして脱近代という課題を哲学的にもどう考えていくか。そうしたテーマを共有するための議論で、結構理解が深まったと思う。

上妻　そうですね。

落合　アートはどこに位置づけられるべきか。

清水　前回の話だと《文脈のアート》じゃなく、《原理のアート》という局面に絶えず立ち返るべきなんだという問題意識が重要だった。そこで一歩誤ると、エジソンの発明のように近代の大量生産社会やフォーディズム、あるいはマスメディアの道具になってしまう……。

上妻　もっとも、原理と文脈というのは明確に分けられる物でもなくて、相互に包摂関係にあるという側面もある。たとえば、ピカソにはセザンヌとアフリカ美術の影響が強いと一般的に言われるけれど、前回言ったようにその文脈を当時の時空間概念と呼応する仕方で原理的に追及してキュビズムを生み出している。でも、確かに今日ではあまりに文脈重視になっていて、技法や原理そのものを突き詰めるという姿勢は失われつつあるように思います。

落合　デュシャン・ワールドみたいな。

清水　ところで、落合くんは《文脈のゲーム》と《原理のゲーム》っていう言い方もしてますよね。

落合　それを世の中的に、「エンタメ」と「文化」と言うと一番わかりやすいとは思います。

清水　エンタメの方が後？

落合　原理っぽいですね。

清水　前回も触れたけど、僕の立場から落合陽一という人になぜ興味が湧くかというと、「近代を超える」とか、「人間性を捧げろ」……とかいろいろ驚くような主張があるわけだけど、あんまりまだみんなは本気にはしてないですよね。メディアアートの人が不思議なことを言っている、という位にとられている。でもそれは違うんだ。

落合　僕は本気で言ってるんですが、なぜ本気にしてないのかがぜんぜんわからない。

清水　実際、本気で近代を超えようとしてるんだよ。アートやサイエンスで、何か新しいことをやってるから二一世紀だねっていう……イメージ的に漠然と、思われているようなものではなくて、近代文明の原理そのものからの差異化を追求している。そしてそれははっきり、哲学的に定義できるものだと思うんだ。二〇世紀の最後の方に、いわゆるポスト近代、ポストモダンという、近代的な価値そのものを相対化しようとする思想がたくさんでてきたけど、どうやら落合陽一の問題意識はまったく違うらしい。その違いをもっと明確にすると、ただ人類の文明や個人の価値観を相対化してしまうだけじゃない、人間とノンヒューマンの境界すら揺らいでしまうような局面から、近代を超えるビジョンが明らかになってくるのではないか。《文脈のゲーム》が一〇年単位、せいぜい一〇〇年単位みたいな話だとすると、さらに大きなスパンでの変化を予期させるものが掴めるんじゃないかと思うんだよね。

上妻　一〇年単位ってのは……。

清水　もっと長いものもあるかな。

上妻　一万年とか千年単位のものも長いものだとあるんじゃないですか。

清水　いやいや、あるけど、文明観に本質的な変化を起こしていくっていう意味ではないいんじゃないか……。

落合　だいたい一〇年か二〇年単位ですね。四〇年代、六〇年代、八〇年代、二〇〇〇年代みたいな感じですね。八〇年代以降、一〇年単位ぐらいで加速しているのではないかと思います。今は五年単位ぐらいになっていますが。

上妻　結構早いですね、今は。

清水　そういえば前回、アートやメディアの話とからめて近代と主体の話、とくに機械化とか機械論の話をしたよね。あれがやはり本質的な問題だと思う。《原理のゲーム》において新しいメディアが生まれてきても、なぜそれが大量生産や画一化のための道具になってしまうのか。標準化という問題がそこには横たわっている……。そもそも機械化っていうのは、だいたい一八世紀ぐらいには本格的に始まってくるよね。昔プロイセンがオーストリアとフランスの連合軍と戦った七年戦争では、プロイセンのフリードリヒ二世が部隊を迅速に動かして敵軍を

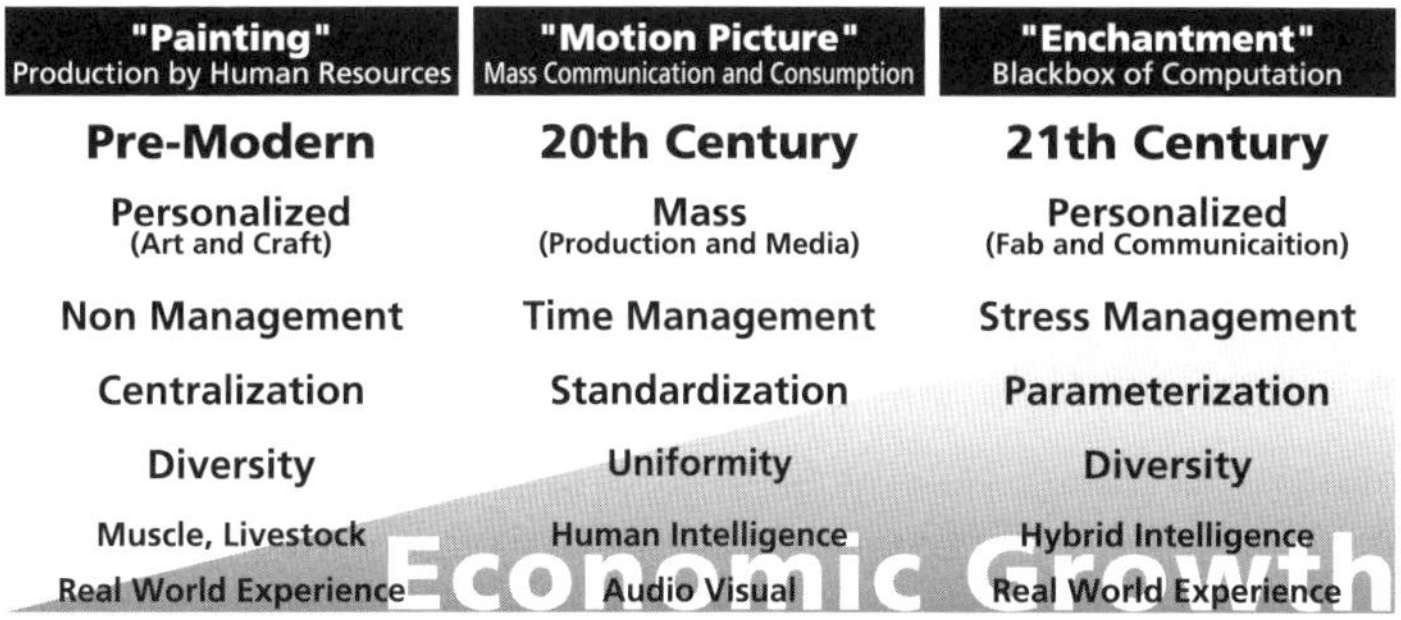

"Painting" Production by Human Resources	"Motion Picture" Mass Communication and Consumption	"Enchantment" Blackbox of Computation
Pre-Modern	20th Century	21th Century
Personalized (Art and Craft)	Mass (Production and Media)	Personalized (Fab and Communicaition)
Non Management	Time Management	Stress Management
Centralization	Standardization	Parameterization
Diversity	Uniformity	Diversity
Muscle, Livestock	Human Intelligence	Hybrid Intelligence
Real World Experience	Audio Visual	Real World Experience

図 2-2

撃破していった。フランス軍は退却のさいに大砲を置いたまま逃走するという屈辱を味わったらしい。その後、これをきっかけに高速で運ぶことができる軽い大砲を作る必要が生まれたんだけど、そうすると強度に不安が残る。砲撃の反動で壊れやすくなってしまった。このとき全体を直すのは難しいんだけど、部品の規格を標準化することによって、壊れたところだけ外して、また嵌めればいいということになった。この辺から武器の互換性技術というのが標準化の一つの契機になったんだよね。そこからやがて工場での兵器の大量生産が起こってくる。

上妻　標準化というのは、一般には輸送伝達の問題でもありますね。今の話だと、近代の話からアートの話や機械化の話など、きょうはいろいろ展開しようってことですね。

落合　今二人にLINEで送ったスライドの四枚目かな……(図2-2)。左にセントラリゼーション、真ん中にスタンダーダイゼーションと書いてありますね。これは標準化、いわゆる近代に生じたことです。セントラリゼーションとスタンダーダイゼーションとは違っていて、セントラリゼーションというのは、人間による集権化による近代化だけど、その後の、機械製品の規格化による近代化というのは、じつは時期がちょっとだけズレて起こっているんですね。まず国民国家を作ることによって、もしくは近代国家の成り立ちを作ることによって、セントラリゼーションして、法律などを作るというような枠組みがある。それと、そのあとの工業化、戦争、傭兵、教育といったスタンダーダイゼーションがある。

僕らはそれらを全部、パラメタリゼーションしようということを言っていて、スタンダードはないからすべてはパラメーターであるという議論に変わったっていうのが、IT化や機械学習によって生み出された利点だと。これが標準だから良いとか悪いとかいうのはもはやなくて、つまりマイナスにも一〇〇にも価値はない、というような話を前回の座談会のときに数理モデルや何やらの議論のなかでしていました。それがパラメタリゼーションなんですよ。その図の下にダイバーシティ、ユニフォーミティと書いてありますね。「多様性があるから規格化ができなかったのを、ユニフォーミティ（統一性）を持たせ統一化したのが二〇世紀で、それがさらにダイバーシティしたのが二一世紀なんだよね」ってよく言ってるんです。

それはなぜかと言うと、パラメタリゼーションしたら、スタンダードがなくなったので、ダイバーシティを平均化しなくてもよくなった、という逆転が起こってきたからです。この図の上の左にはノンマネージメントと書いてあって、そのあと中央がタイムマネージメントで労働の話になって、ストレスマネージメントで人間性の話になってきたり……。図の下の左には、マッスル・ライブストックと書いてあるんですけど、これもポイントです。筋肉と家畜という概念でしか、たぶんプレモダンの世界というのはないんじゃないかな、と僕は思っています。知的生産というのをほぼしない人たちの集まりで、食べ物自給率と攻撃力みたいなものしかなくて、知的労働力という概念があんまりないみたいな。その次にヒューマン・インテリジエンス、つまりホワイトカラーという概念が出てくる。そしてそれがコンピュータに負けたんで、ハイブリット・インテリジェンスと僕は言ってるんですけど、人間とコンピューテーショナルの混淆、そんな具合になっていきます。

図の一番上のキーを見ると、左のパーソナライズド（アート&クラフト）というものから、マス（プロダクション&メディア）になり、またパーソナライズド（Ｆａｂ&コミュニケーション）になるんだ、とよく言っています。

清水　現代フランスの哲学者ミシェル・セールを、僕はずっと研究してるんだけど、彼はスタンダーダイゼーションということに関して、むしろ一四世紀のイタリアに注目してるんですよ。それで、『小枝とフォーマット』っていう本で、このスタンダーダイゼーションがいわゆる近代のちょっと以前に勃興したという話をしているんだよね。暦とか、算術とか、取引所とか、経理上の収支のバランスシートとか、地中海地域の当時の共通言語であるリンガフランカとか、そういうものが一気にこの時代に整備された。そういうものをセールは、「フォーマット」と呼んでいるんだよ。標準化するためのフォーマットがさまざまに生み出されたと。貨幣について言うと、ヴェネチアなんか、銀貨を一回作ってしまうと、五〇〇年同じものを使い続けていた。一度スタンダーダイゼーションが起こると、相当長くそれが持続する……。

落合　あ、そうそう、貨幣はスタンダーダイゼーションが速いんですよね。

清水　そう、ものすごく速い。あの当時の人が、フォーマットをどういう風にどんどん作っていったかを考えるには、一種のバランス、秤みたいなものを思い浮かべるといいと言うんだよね。つまり、その秤のこっちではいろんな物を量り、数量化をするんだけど、その数量化の概念自体は反対側の物を介して発展していく。物とフォーマットが、両極で交互に置き換わるなかで、両方が発展していった。フォーマットも整備されたし、扱われる物品も豊かになっていく開花期があったみたいなんだ。その秤の中間で機能しているのが、ヒューマニティとかその働きだったんだろうと。それで、こうした史観から見ると、確かに複数の要素、フォーマットが集まって、協調してそこから新しい物が作られたり、扱われるようになったりしていくというのは重要だと思うんだよ。パラメーターからもう一回虚構をインクルードしたリアルワールドへ、っていうさっきの落合くんの話ともつながるし、そこにこそ創造があるとも言える。

でも一方で、いわゆる機械化された社会とか、機械論の世界っていうのは、既知の標準化された要素に、物を還元し、それで画一的な物を作るっていうあり方にもなりがちじゃないですか。これは、哲学でいうとつねづね僕が大事だと思っている一と多の問題、それと機械論の問題だと思う。一と多とか主体と対象とか、西洋哲学では対立二項を立てて思考するんですよね。両立しにくいがゆえに、それらを語ったらすべてを語りうるという対立二項です。中世のスコラ学者ドゥンス・スコトゥス[3]も、こうした幾つかの対立二項について語っているけど、そこではそれらはパラレルに考えられている。そして一は神に近いとか、原因は神に近いとか、無限は神に近いとかいう風に、価値づけが決まっているわけ。

でも、さっきの一四世紀のイタリアの話だと、秤の両端でフォーマットも変化し発展するし、扱われる物も変わっていく、フォーマットも画一化するだけじゃなくて複数のフォーマットと協働しながら変わっていくし、物品も置き換わる。ヒューマニティも、能動とも受動ともつかない中間項として機能する。これって、先の対立二項の固定した組み合わせが変わってしまうってことなんじゃないか。実際のところ、西田幾多郎とかも……。

落合　本当にそうですよね！　西田幾多郎の話はまさしくそうです。

清水　ここでバッ！　とくるとは思わなかった（笑）……。

機械論と「多の一」──西田幾多郎の視点

落合　明治になるまでは、今の日本という概念も日本人という概念もなかった。明治の翻訳語の話が最近僕はとても好きなんです。明治翻訳語のことを考えるとわかるんですが、「主体」と「客体」が入れ替わったり、戻ったり、跳ね返ったりめちゃくちゃなんですよ。「宇宙」とず、「ユニバース」のときは「宇宙」が多様で、「ユニバース」が統一的で主観だったにもかかわらず、「個人」や「社会」と言ったときに、西洋の概念と東洋の概念の「主体」と「客体」のあり方が逆転するんですよね。西洋の方が個人主義的で「一対多」的なのに、日本は天皇がいないと成立しないみたいな超主体的で中央集権的な考えになっちゃったりする。逆に「宇宙」の話をするときは分散的で多次元で、一対多で言うとそっちが「多」なのに、入れ替わったりとかもする。日本には翻訳語を作るときの基準がなくて、それが混ぜ合わさっているから、とてもおもしろい。

清水　類体論で有名な高木貞治(4)っていう数学者がいるじゃないですか。彼は、『近世数学史談』っていう本のなかで、オブジェクトっていう語を訳すのに、「目当て」って訳すんですよ。

「対象」とかより全然いいですよね。これは、数学的なオブジェクトなんだけど、見当をつけて制作するっていう含みがあるのがおもしろい。

落合　コンピュータで言うところのオブジェクト指向というのは、結構むずかしいんですよね。

清水　それにむしろ近い。プログラミングのオブジェクト指向も、データ形式の定義やそれを処理する手続きを構成単位にして、そういう単位が幾つもバラバラあるのをオブジェクトと呼んでいるわけで、物体じゃない。手続き的な関与がすでに含まれてしまっているわけだよね。

落合　言葉で説明するときに、「オブジェクトってなに?」と聞かれたら、「そうだねえ、パラメタリゼーションする為のフレームワーク」みたいなことを言っています。

清水　ああ、そうかも知れない。

落合　パラメーターを記述するための真ん中のこういう枠組み。でも枠組みと言っちゃうと、クラスという概念と分かれちゃうから、枠組みというか、そのもの自体みたいなもの。だから「目当て」というのは結構近い。

上妻　そういう考え方が、僕が最初に落合くんに興味をもったキッカケですね。以前スカイプで一回僕と落合くんと対談したんだけど……。

落合　なんででしたっけ?　いつでしたっけ?

上妻　かなり前です。三年前ぐらいだと思います。

落合　いや、それはそうなんですけど、なんででしたっけ？

上妻　それは僕が、編集者の人に「今誰と一番喋りたいですか？」って聞かれたんですよ。当時僕が展覧会をキュレーションしたんだけど、それを『美術手帖』が特集してくれたんです。それはポストインターネットっていう特集だったんですが、『美術手帖』以外の編集者にも注目してくれる人がいて。「誰でも良いから対談したい人いますか？」と聞かれて、その時ちょうど『魔法の世紀』の連載をやってた頃だったんですよね。

落合　ああ、連載をやっていたときだ。

上妻　それを僕も読んでて、考え方が近い、と思ってぜひ話してみたいなと考えたんです。年齢も近いですし。

清水　この間、対談した動機で、別のエピソードも話してなかったっけ。

上妻　一緒ですよ。

清水　あれ、なんか、最強のやつを……。

上妻　ああ、そう。当時、僕は二四歳とかだったので、同世代で言論活動をやっている人が少なかったんです。

落合　あんまりいないですよね。

清水　あんまりいない。

上妻　だから「誰か二〇代で一番おもしろいと思う人、誰?」って周りによく聞いていたんです。そしたら、何人かの友人が落合くんの名前を挙げてくれて。しかも今連載してるよ、と。そこで『魔法の世紀』の連載を読み始めて。考え方も近いし、話したいなと思っていたんです。そういう経緯もあって、編集者の人に話したい人を尋ねられたとき即答しました（笑）。その話も前提なんですけど。

僕が落合くんにもっとも共感したのは、今話されていたようなデフォルトで与えられたフレームを用いて世界を認識するのではなく、まずはパラメーターを処理する上でのフレームを設定することから始める点です。あらかじめ、情報空間と物理空間を分けるのではなく、その都度そのフレームを付け替えることで、処理、操作、組み合わせの方法自体が変わるという、そういった世界観が、芸術や哲学、人類学の最新の潮流とも共鳴するものがあると思ったんです。既存の《文脈のゲーム》を積み上げるだけの時代は終わったと。

清水　そういった、《文脈のゲーム》が終わった、っていうような話を、この本（『魔法の世紀』）でもしているけど、結局のところ、もはや仮想的な全体としての聴衆とか国民の全体像というのがだんだん今崩れて来ているんですよね。あらゆる人にとって共通の真実というものがもはや成立しない、ポストトゥルースの時代だっていう。この状況でまさに、さっき言った「一と多」の問題とメディアの問題ということを考えないといけないと僕は思う。デカルト以後の、近代のいわゆる機械論な見方というのは、一言でいえば、事物を起成因的な細部へと分解していって、そうやって見つけた既知の諸要素から、組み立て直すようにして世界を説明しようとするものだよね。さっきちょっと触れた西田幾多郎の哲学には、「多の一」とか、「一の多」という表現がよく出てくるんだけど、やはり機械論ということを意識している。実際、「多の一」というのは機械論だという風に彼も説明していて、つまり既知の要素から、物が作られるということを指している。一方で、もう一つの「一の多」って言い方は、哲学的に言うと目的因的な見方というもの。有機体とか生命がその構成素としての多くの細胞とかをどんどん入れ替えていっても、まず最初にその生命があって更新、維持されている。一なるものの側から、多なるものが発展生成していく……といったものですね。ところで「多の一」と言った場合に、たとえば、前回エジソンの話が出たじゃないですか。エジソンがキネトスコープを作ったりしてる時は、あれは「多の一」なんだよ。諸部分から構成的に運動を再現して、それを個人が楽しむというメディア……。だけどそれを、リュミエール兄弟が……。

落合　「一の多」にしちゃった。

清水　キネトスコープをいわば反転させて、大衆に同じ動画を投影して見せる映画にしてしまうと、「一の多」になる。それはどうしてかっていうと、要するに反復複製を可能にするからですよ、標準化って。既知の諸要素に還元し、そこから構成していくっていうのは反復をもたらす……。

落合　カロタイプ[5]。

清水　そう、写真の複製で言ったらカロタイプだよね。それで、よく落合くんも言ってる、エジソン・フォーディズムとか、ああいう形のメディアの生成っていうのは、そんな風に反復複製になっていった、堕落したあり方だと思うんですよ。

さて、「一の多」と「多の一」の問題にもどると、哲学だとそんな風に構成的に既知のものから作るところには、本当には新しいものの生成がないから、部分があるためには、そもそも一つのトータルな……差異的な全体がないといけないということが、二〇世紀の哲学でも強調されるようになった。たとえば、ベルクソンがそれを言うんですよ。「飛ぶ矢は当らない」とか、「部分を足していっても全体は出来ない」とか、「運動し持続している全体がまずあるんだ」という議論が出てくるわけです。「一なるもの」としての全体があって、「多なるもの」としての諸部分がある、という風に考えたんですね。しかもその全体は静止的なものではなく、どんどん生成し、更新されていくと考えた。ポスト構造主義[6]の時代に差異の哲学と呼ばれたものも、そこに一つの源流があります。このようにして、「一の多」というもう一つの見方から世界像を作っていった。しかし、「全体としての一」というのはどの時点で言っても、先取りされた虚構なのではないか？　こんな風にも思えるわけです。これが全体だということを言ってしまえば、もはや生成も更新もとまってしまう。このようにどんどん、ロシアのマトリョーシカ人形が次々大きな人形の中に入っていくように、より大きな全体が要請される議論構成を、僕はホーリズムと呼んでいます。しかし、こうしたプロセスが止まってしまったら、現実に残されるのは、「多の一」でしかないのではないか。その恐怖が非常に大きくて、さまざまな幻影を産んでいる。これは、たとえば落合くんが言ってる例だと、機械化される反動として人間主体というものが逆に強調されてくる、っていう話とつながってくると思うんですよ。それは一種、反対像としての虚構であって、その主体が何であるかというと、現代のグローバル化し、標準化された世界という「未完の全体」が描き出す過程の一部でしかない。実際には「多の一」の原理で、標準化によって反復複製されて作られた、同じような多でしかない。

上妻　二分法になってるから、一方が他方に従属してしまうということですよね。

清水　そうそう、生命とモノ、主体と機械がただの対立二項になってしまって、そのどちらかに優位を置くだけだから、さっきイタリア・ルネサンスと秤の話で触れたような、組み合わせの変化とか交錯がない。同じプロセスのなかで、全体だと思われたものが更新されて事後的に部分になる、という意味では対立物が同じになってしまうわけだけど、落合くんがさっき言ったような「虚構をインクルードしたリアルワールド」とか、そういうダイナミックな交差交換的な融合が見られない……。とはいえ、リュミエール兄弟がマスメディアのもとになり得る機構を作ったところから、一対全体という形で全体が仮構され、主体化したつもりでそこに巻き込まれていくっていう図式は、もはや崩れてしまっている。だから、そのなかで一体物事をどう考えるかっていうことが、今の最大の課題なんですよ。

上妻　今の話もそうなんですけど、オブジェクト指向存在論の発想が人類学の存在論的転回と共鳴してるな、と思うのは、「文化と自然」や「人間と機械」を分けるという暗黙の公理系があって、そこから文脈を更新するという方法論への懐疑です。つまり西洋では自然とは自然科学によって記述される《全き一》として存在していて、文化や社会は理性をもった人間たちのコミュニケーションによって担保されていることになっていますね。だからこそ、原子爆弾やオゾンホールなど科学技術が社会問題になった時に人間は慌てふためきます。近代は僕たちが気づかない間に、ある種の公理系を設定して、そこから文脈を積み上げることを正しいこととしてきたけれど、現代ではもうそれは機能していない。まずそれを受け入れないと、落合くんが言ってるようなハイブリッドなインテリジェンスっていうことも理解できないんですよ。それは原子爆弾やオゾンホールといったハイブリッドを受け入れられないことにもつながっている。ハイブリッドを受け容れるためには、まず既存の公理系を壊す必要がある。なぜかというと、その公理系を受け容れちゃうと、まず思考の前提として五感で区別可能な、人間の器官や免疫系で内と外を区別してしまうからです。そして、ハイブリッドを自然か社会のどちらかに押し付ける形で捻じ曲げて解釈してしまう。だからこそハイブリッドは存在しないと否認してみたり、有用性のある道具として縮減した形でしかモノと向き合えないわけです。従来のままの考え方の人もいると思いますが、それは結局フォーマットになってる公理系を、壊せない人がいるということですね。そういう人は、僕たちの言説をOSが受け容れてくれないんだと思います。

清水　昔の型に落とそうとするんだよね。僕は全然違うこと言ってるのに、何で、いちいち二〇世紀からある古いフォーマットに落とすかな、と思うんだけど。

上妻　だからそれは、結局解釈するための前提条件となっているシステムが違うから互換性がなくなっちゃってるんですよ。でも、人間の良いところって、結局OS自体の書き換えができるっていうことなんで、重要なことは前提となってる公理系自体の組み替えや制作を、実際は各々の人間がしなきゃいけないんだと思います。落合くんも教育の話を結構されてるじゃないですか。僕としても思考の前提そのものを作り出す教育が必要だなと思って……

清水　教育で変える（笑）。

上妻　OSを切り替えるための柔軟な思考を生み出すための教育……。

清水　……そういう大きな公理系ということに関していうと、たとえば「多の一」っていうのを西田が言うときには、じつは二種類あるんだよね。どこまでも「多の一」っていうのと、ただの「多の一」があるんですよ。

ただ、「形」を変えること

落合 どこまでも「多の一」というのはどういう意味ですか？

上妻 プロセスとして。

落合 ああ、そういうことか。モナドロジー。

清水 ホーリズムの逆。それはもう、機械論の徹底した世界を……。

上妻 どこまでも構成的に世界を考えるってことですよね。

清水 そう。それでもう一つの「多の一」ってのは、ただ形ができるっていうんですよ。暫定的に、組み合わせ的にある状態が形成される。

落合 構図が、ということですね。

清水 構図が。主体や生命と機械論が二極化しないで、機械論的な構成もあるけれど生成も起こる、というあり方を西田は探っていくんです。これが、「多の一」と「一の多」の矛盾的同一という話になる……。ところで、落合陽一的な発想というのは、要するに機械論に対抗する反対物として、人間主体とか生命とかを出してくるのではなく、機械化というものがそもそも、物事の成り立ちを既存の知識から筋道立てて説明したところから生まれたもので、マックス・ウェーバーが言うように脱魔術化の過程だったんだけど、もはや機械化じたいが筋道を追いきれないところで動くようになっていて、それがデジタルネイチャーだ、というものだよね。これまであった機械化＝脱魔術化の別解として、魔法＝再魔術化というものを出してくるんだよ。「一の多」ということが言われたとき、それは「多の一」では新しいものの生成や更新が語られえないということだった。しかし「多の一」を次々組み換えていくことによっても、新しいもの、新しい形が生まれてくる。万華鏡をくるくる動かして、絵柄としての形を変えていくみたいに、生成や更新をそれで生みだしていく。「一の多」ということで実現しようとしたことが、「多の一」の組み換えで実現される。落合くんにとってのメディアアートって、まさにそういうものだと思うんだよね。これは、西田が仏教の禅や華厳思想を背景に、西洋近代の哲学と格闘してやろうとしたこと、しかし非常に抽象的にしか言えなかったことを、技術に実装してあからさまに提示するというようなものなんじゃないか。

落合　たとえばシーソーがある。シーソーは跳ねてた。シーソーが違うゲームになってるんですよ。フイーンフイーン、ポポポポンッ、クルルルルルーッ、みたいな。

清水　ああ、ただ上がったり下がったりする過程だったのが、途中で形の変化そのもののゲームになる……。

落合　そういう回転系なんですよね。対立系じゃなくて回転系と、僕はよく言っています。回転系のほうが重要なんですよね。

上妻　今後は回転系の思考で、そうなるとメディア自体を生み出していくことになる。

落合　そう、メディアの発想なんですよね。

清水　エジソンも、最初にいろいろ発明してるときはそのつもりだったんだろう。「多の一」をそういうふうに一つの暫定的な形として捉える。あるいは、脱魔術化みたいな筋道から逸脱した機能としてとらえる。それが魔法だし、メディアだ。しかも、それは現代の世界のリアルを作っていくことでもある。西田も、「物を作るとは、物と物との結合を変ずることでなければならない」という風に語ってます。この「結合を変ずる」は、「形を変ずる」とすぐに言い換えられるんですが、おもしろいのは、物を作るとは何だ、と言っておいて、物から出発してまた物が作られる、ループの話しかしない（笑）。「多の一」なんだけど、「多」の位置にくる物もある……この場合の「多」なる物、これもフォーマット化した、あるいはパラメーター化した物ですよ。そういうあり方に落としたところからまた形を作るってことなんだけど、それが、また別のリアル化をする。こういう風に行ったり来たりをする、それが、形を変ずるってことなんですよ、西田的には。どこまでも「多の一」とか、「一の多」とか、垂直プロセスで考えることで、新しさや差異性を出そうとしていたものを……「多の一」のありようをぐるぐる変える、形のフラットな変化の中で、生成を考えようとするんです。落合くんは、それをメディアとか、アートの問題として実践的にやり、そこに脱近代を見ようとしている。

今日から見て、二〇世紀の限界が何だったかというと、「一の多」です、「差異です」、「生成です」とか言って、議論がホーリズム的になってしまった。さっき言ったみたいに、これは全体が無いと部分も無いよねっていう発想なんだけど、その全体って先取りして言っちゃったらまずいよね、っていうことで、じゃあ、そこはちょっと欠除項としてとっておこうとか、そんなアレンジでやってきた。こういう二〇世紀の現代思想の理論って三段階くらいあって、まずホーリズムをそのまま展開するものがあって、次に欠除項、ゼロ記号みたいなものとして直接語らずにおいて、ホーリズム的構造だけ残すというのもある。で、欠除項にはしたけど、構造は残っているのだから排除して抑圧した物は戻ってくるのも同然じゃないか、という批判も現れた。三番目に出てきたのは、ホーリズム構造そのものを複数化するという考え方。マトリョーシカは最大のマトリョーシカに回収されないで、多数のマトリョーシカに複数化せざるを得ないということを言って、だからホーリズムではなく、それを否定したんだと主張するものです。デリダなんかがそうですね。垂直構造でマトリョーシカが巨大化するのではなくて、横にもズレたんだから、ホーリズムを相対化しえたのだというわけです（笑）。「一の多」と「多の一」は、どちらも不可逆なプロセスとしてあるとホーリズムだけど、その「一の多」の頭の所を掴まえて、それを複数化するっていうのが二〇世紀の最後に出てきた戦略だったんですよ。だけど、それってそれで多数性を手数で出そうとしてるだけであって、やろうとしてることは常にホーリズムの繰り返しなんだよ。

落合　そうですよね。ユビキタス・コンピューティング[7]。

清水　そうそう、まさにそうで、一番わかりやすいのは全体と部分が背反的にあるという構造じたいが、全然変わってない。そのまんま、横にズレたってだけで。今考えるべきなのは、全体と部分という関係のように、どちらかがどちらかを一方的に包摂するという構造を無化することだと思う。「多の一」がただ形として変わっていくって言うのは、何がヒエラルキーのトップに来るわけでもなく、全体化して展開していく方向が決まっているわけでもない。部分、全体というスケールの違いじたいが意味をもたない。「多」の側にあっても「一」の側にあっても物でしかないし、どちらにしてもパラメーターでもある。それがどこまでもフラットに変わっていく、ただリアルが相転移する、相が変わっていく、っていう形を捉えようとしてるんだよ。だからこれは、ちょうど脱構築主義の裏返しなんだよね。「一の多」の頭を掴まえて複数化するんじゃなく、暫定的な「多の一」の形をどんどん組み替えて生成する。そういう新しい発想が、今いろんな分野で出てきている。哲学もそれを理論化しないといけないし、じつは人類学でも同じような考えが出てきているんです。

上妻　実際、そういう時代になってきてますよね。二〇世紀はマスメディアの時代だったので、どうしても情報の方向性が規定される。マス・コミは一斉に多くの人に送信できるけど、われわれは受信しか出来なかった。でも二一世紀に入ったら送受信の時代になるわけですね。さらに落合くんがＦａｂ＆コミュニケーションって書いてたように、各々が制作し、各々がコミュニケーションできるようになった。そこでは実際に物と情報が限りなく一元的になってきている。落合くんがフランク・ゲーリーとかザハ・ハディドに注目しているのはそういう背景のもとで理解できることで、建築の構造設計も自由度がどんどん増してきてますね。

落合　構造の問題と表層の問題が完全に分離する。

上妻　そう。情報と物がそれだけ自由に重ね合わせられるようになった。そうじゃないとゲーリーやザハの建物は立たないわけで。

清水　なるほどね。ミシェル・セールも、実在性には二種類ある、って言う。物の具体的なリアリティと、フォーマット的で抽象のリアリティと両方あって、そのどちらもが媒体になるっていう話をするんだよね。

終わりなき『トゥルーマン・ショー』

上妻　媒介になる現実を作ってるのは、今ですよね。ところで、最近映画の『マトリックス』[8]を全部、もう一回見直したんですよ。1を見ると、ダメで。何でダメかと言うと、現実空間と複数の虚構空間がある、っていう構造になってるんですよ。それで、主人公は最初、虚構空間にいるんですけど、現実空間に目覚めるんです。でも、そこが現実だって何が保証してるんだって感じじゃないですか。主人公は目覚めた瞬間に確信してるんですよ、ここが現実だって（笑）。目覚めた瞬間の空間は、また別の虚構の可能性だってあるわけで、なんでコイツは虚構空間から現実に来たんだって確信してるんだって、まずツッコんじゃうんですよね。

落合　それはありますよね。『マトリックス』も『シュタインズ・ゲート』[9]もそうなんですよね。

上妻　そう。複数のユートピアだったりディストピアがあって、そこから目覚めると、絶対に一つの正しい現実空間にいることを確信してるんですよ。おお、俺は現実に目覚めた、みたいな（笑）。そこも虚構かもしれないっていう疑問がなぜないんだ、ってまず思ってしまう。

でも、3に入ってくると、虚構空間にしかいられないはずのエージェント・スミスが、現実空間に現れ出すんですよ。そしてネオは虚構空間でしか使えなかった超人技を現実空間でも使えるようになるんです。これは何かっていうと、ウォシャウスキー兄弟が考えてたかどうかは別にして、僕の解釈だと、虚構空間も現実空間もじつは同じ現実空間だってことなんですよ。僕らの日常でもすでに、情報空間っていうのと現実空間っていうのが重なり合ってて、そのなかでリアリティをもってる空間が、じつは現実なんだっていうことを示唆的に表現してる。そこがおもしろいんです。

落合　みんな、カフェオレみたいな感じ（笑）。

上妻　そう、カフェオレになるんですよ。『マトリックス1』だとコーヒーと、牛乳が分かれてたんですよ。でも3になってくると、重なっている。コーヒーと牛乳が分かれてる映画はこれまでもあるんですね。たとえば『トゥルーマン・ショー』[(10)]もそうで、僕が観てておかしいなと思ったのは、エンディングで主人公がテレビショーの世界から外に出るじゃないですか。そしたら、やったー！　って言って終わるんですよ。でも、そこも別の虚構の可能性がある。今生きてる僕たちの世界も『トゥルーマン・ショー』の可能性あるでしょ、って思うんです。全部『トゥルーマン・ショー』だったら不安に思う人もいると思うんですけど、そうじゃないんですよ。現実世界ってのは、虚構なんだけれど実在性自体は作り変えられるわけです。

それを僕らは日々作り変え続けている……。

清水　でもそれを言うとさ、たとえば、ポストトゥルースの世界でもいいのか、ドナルド・トランプとジャーナリストが見ている世界が全然違ってもいいのかとか、そういう問題も必ず出てくるよね。

清水　さっき、ホーリズム的なものを、バラバラに複数化していくのがポストモダンの戦略だという話をしたけど、今ポストトゥルースって言ってるのは、まさにそれかなって気がしているんだよね。全部ホーリズムなんだけど、それらがバラバラに並び立っている。そうじゃないものを、いかに作っていくかという戦略として、「多の一」を組み替えるっていう今日の議論もあるんじゃないかと。

上妻　今話してるのって、結構そういう話で、つまり……。

――落合、上妻が二人そろって煙草を吸い始める。

清水　落合くん、その葉巻、美味しい？

上妻　なに貰おうとしてんですか（笑）。

――清水、落合から高級葉巻を一本貰い、吹かしはじめる。室内に紫煙が渦巻いてゆく。

落合　それはポイントなんです。僕はよく言うんですよね。勾配がなくなる、ってことなんですよ。ようは「一対多」とか「多対一」で、「一対多」が成立するのは、一の場合にも価値があるからなんです。逆に「多対多」になったときは、どちらにも価値がないから、勾配が消失するんです。ここがポイントで、勾配が消失したときに、どうしたらさらに価値が上げられるかと言うと、気体的になるしかない。高速な流動……。

清水　気体？

上妻　分子の。

落合　個体のときのこと考えてもらえるとわかりやすいんですけど、温度が集中してて、液体になって溶け出していって、最終的にそれよりもテンションが高い状況というのは、気体分子が、高速に連動していて相転移しているときなので、要はそのサイクル活動がものすごく速い。「実」と「虚」の回転がとても速い。ということの方が、価値が局在してるよりも価値があるんですよ。

清水　それ、情報哲学者のピエール・レヴィがまさに言ってることじゃないかな。

落合　そうなんです。『ヴァーチャルとは何か？』のピエール・レヴィが言ってたことと近い、と言われたことがあって、そこは僕自身納得しました。「あ、たしかにそうかも」と。フェイズ・トランジション（相転移）が高速化すればするほど、じつはその勾配が均質化した世界においては価値が高い。

上妻　僕が、二一世紀はどうなると考えているかと言うと、虚と実がどんどん回転入れ子状態になって、回転し続けてる世界になると思っていて、だからネットで誰々がダメだとか言うことの有効性はほとんどないんですよ。僕がなぜこういう世界でキーワードとして「制作」というものを掲げているかというと、リアリティを作れる人じゃないとダメだと思っているからです。僕たちは全員が今武器をもっているんですよ。Ｆａｂも使えるしコミュニケーション・ツールももっている。全員が比較的平等にツールをもってるんですよ。そのときに不満を述べたりとか、なにか人に対してネットで上から目線で攻撃したりっていうのは非常に二〇世紀な発想で、そういうことをしていても、実在性を生み出す人にとっては意味がないんです。

清水　単なる主体性の奪い合いみたいな話にしかならないよね。「形を変ずる」こと、それがポイエーシス（制作）だって西田も言うんだけど、そういう契機をもたないと、実際は主体化も決して出来ないんだよ。

上妻　リアリティをみんな作れる、各々のリアリティを作れるっていう環境になっていってるわけだから、そこで受け身になってたらダメで、各々がそのリアリティを作っていく闘いに参戦しないと話にならない世界観になりつつありますね。
トランプの話で僕がおもしろいと思ってるのは、トランプの選挙参謀、広告というかプロモーションをやってた会社が、ケンブリッジ・アナリティカっていう会社なんですけど、その会社はどういう風に戦略を立てていたかというと、Facebookの解析なんですよ。一方で、近代的な価値観だと、政治は政治で自律的に回ってる、っていう価値観があるじゃないですか。つまり敵とか味方とか、友敵理論ですよね。他方で、この会社の革新的なところっていうのは、どのミュージシャンが好きかとか、どういうファッションが好きかを、Facebookの「いいね」を解析することで、その人がどういう政治的思考をもってるか、っていうことがかなりの確率でわかってしまう点に注目したことなんです。そして、それに基づいてどういう広告を出すかっていうことを決める。つまり、政治は政治で回っているという近代の原理で、現実世界はもはや回っていないわけなんです。それでトランプは勝利した。

落合　勝つでしょうね。

上妻　かなり徹底してて、ボランティアの人にもそのアプリを配ってるんです。で、あなたが今から訪問する人は、こういう傾向をもっています、みたいなデータが出てて、「この人はこういう傾向をもっているので、話す時にはこう話しましょう」みたいなのが、全部伝えられるようになってるんですね。選挙戦略自体もハイブリッドになってきてるわけですよ。ビックデータを使って戦略を作ったりとかっていう方向性にどんどんなってきていて、そういったことを受け容れずに、古い政治の理論で批評することは、ほとんど機能してない。むしろそういった世界観を受け入れた上で別の方法論で世界を作るしかない。

機械と人間の共進化

清水　物や道具と人間の一体性、不可分性ってそんな新しいことでもなくって、ダナ・ハラウェイっていう現代アメリカのフェミニストは、「サイボーグ・フェミニズム」っていうことを言ってますよね……。

落合　あ、それ、知ってます。

清水　ありますよね。女性っていうのはハイヒール履いてとか、それが纏う物ともある意味一体だという話……。

落合　山本耀司さんがハイヒールの話をするときにしてたな……。

清水　ああ、するんだ。そうなんだ、ヨウジヤマモトが（笑）。

落合　山本さんは、逆接的に出しているかもしれないですけど、コレクションでハイヒールをほとんど出さないんですよ。彼は、歌舞伎町で洋裁店を営む母親に育てられたんですけど、そこで死ぬほど女の人の脚を見てきてて、「ハイヒールを履いてる女の人のふくらはぎというのはたくましいから嫌い」と言ってるんです。それは、「培われた脚だから、嫌だ」ということを言っています。サイボーグ・フェミニズムというのは、まさに道具によって女が——化粧もそうだしハイヒールもそうだし——、形作られていくことですよね。そこに山本さんは嫌悪感を感じて、そうではないものを作る、と言っていて、そこのあたりはおもしろいですよね。

清水　マスメディア化した道具としてのハイヒール……。そういえば日本の高齢化をどう考えるかという講演で、おじいさんやおばあさんがサイボーグ化しちゃってるスライドを落合くんは出してたもんね。

落合　僕らが漠然とイメージしている機械化による高齢化社会は、このスライドの中央なんです（図2-3）。僕が言いたいのは本当はこのスライドの右側で、なにが機械でなにが人間なのかわけがわからないみたいな。「あのおじいちゃん、頭の中がはっきりしなくなってきちゃったからMRゴーグルで記憶をなんとかしてるわ」といった感じ。「それって自分なの？」と言ったら、「いや、自分でしょ」と。「ご飯、おいしいし」みたいな。そういった感じだと思うんですよね、本人からすると。

清水　こういうのって、道具を使うっていうのは共有できるから、要するに物と人間との境

2000年代に習った日本の高齢化社会のイメージ

働けなくなった高齢者を支えるのは労働する若い人々。人間が人間の面倒をみる絆が大切。それでも人口が減り、若者がいない社会なので働けない老人を抱えた日本の未来は真っ暗です。さようなら。あとは頑張ってください。

2010年代の今、取り組むべき高齢化社会で経済成長する方法

高齢者を支えるのは高度に発達した自動運転技術や自動化技術。介護の現場でも、ウォシュレットのような手軽さでオムツ替えができるなどお年寄りからも好評。認知症の人々はMRゴーグルで記憶を補強している。貴重な若者は職に溢れず自動化社会で生産性を向上させる。

シンギュラリティが来て能力が強化されたハッピーな状態

高齢化も進行し人口が減少していくが、全員が機械と融合することによって、何才までも働ける社会に。若返り技術や不老不死技術なども研究される。他国が人口増加と機械化失業で政情不安に悩まされる中、人口減少の日本は、個人の幸福度が非常に高くなる。

図 2-3

界も曖昧になるし、集団とその成員の境界、つまり「一と多」の境界も曖昧になってくるんですよね。で、こういうことを、フェミニズムでも言ってるし、そこから実際に影響もあって、道具と集団の関係を考えるマリリン・ストラザーンの人類学などでも展開されていってる。

上妻 ベルナール・スティグレール(11)とかも、人間っていうものの基本的な……。

清水 スティグレールって『象徴の貧困』とか、高度情報化社会でリアルなものがなくなっていく、という風な議論をしていたイメージがあるんだけど……。

上妻 そういう話だけじゃなくて、人間とは何かっていう話をしてるときに、人間っていうのはもともと、道具と一体だったっていう話もしているんです。たとえば数学的空間をイデア的に捉える人もいますが、プラトンの対話篇を引用しながら、われわれは三平方の定理を証明するときに砂浜に小枝を使って三角形を描くことで証明する。でも砂浜と木がないと、まず三角形描けないじゃん、みたいな。

清水 それ、『数学する身体』を書いた森田真生も、よくそういう話をしているよね。ユークリッドの『原論』に出てくる命題も、文章の記述だけ見ていると何のことだかさっぱりわからない。砂の上に木の棒で作図するというようなことがあって、やっと理解できるというんだよね。

上妻 そうなんですよ。つまり、もともと数学ですら、砂浜と木の棒がないと成り立たなかったわけだから、人間と猿の違いを定義する時に、脳とかどうこうっていう話より……。

落合　人間とインターネットの関係性というのはとてもおもしろいんですよ。ナスカの地上絵って、蜘蛛とか鳥とかの大きな絵がありますよね。インターネットは、たぶん総論的には人間の形をしているんです。インターネットの構造を見たら、きわめて人間の外在構造になってるはずなんです。インターネットというのは人間的じゃない、とみんな思っているかもしれない。あるいは人間と構造的に異なると思っているかもしれない。でもインターネットは、脳の写し構造に見えるんです。人が互いに通信するなかで樹立した外在的な脳の写し構造に近いと思うんです。最近はそのことばかり考えています。

もっと抽象化してどういう意味かと問われると、僕は「金八先生のことを思い浮かべてください」とよく言ってるんです。金八先生が「人と人がいると、社会ができますよね」、「人間という言葉はいい言葉で、人と人の間って書いて人間って読むから、われわれは間に生きてるんですよ」って言うじゃないですか……。現代において人と人との間にあるものというのは、まさにインターネットそのものですよね。人間は、金八先生理論におけるインターネットそのものだと。そういうことを考えだすと、どっちがどっちかわからなくなるというところまで、すでにわれわれは無意識のうちに到達してるんですよ。

上妻　今、なぜスティグレールの話をしたかというと、もともと人間っていうのは、道具と人間が共進化することで生成しているわけです。しかし、近代になり、人間が主体でペンは対象だ、ということにしたわけです。もちろん意識の上でいくら思い込んでも無意識的には共進化してるわけですけど、だから、インターネットもそうで、僕たちはインターネットを使ってる側なんだけど、インターネットに使われているとも言えるわけですよね。卑近な例だとSNS依存などを考えればわかると思います。各々があくせく何を食べたとかどこに行ったとか個人的な情報をネット上にアップしていて、冷静に考えたらネットの情報量を上げるためにネットに働かされているようで非常に滑稽な状況だと思います。

清水　ミシェル・セールも共進化の話ばっかりしている。生物が自分の内部にあったものを外在化していく、魚なんかも古くは外骨格に近いものだったのが内骨格になり、牙や爪のような武器すら人間は外在化した。最後は脳を外在化するんだって言ってる。この外在化をObjectivation（対象化）と言うんだけど、これはセールとレヴィに共通する用語ですね。またこの作用こそが、Hominisation（人間化）でもあると彼らは言う……。

上妻　なんですけど、その先の話が問題で、現代ではその共進化そのものが意識化してきている。つまり、水平関係に機械と人間が一緒にあって、ツリー状のヒエラルキーがなくなった状況が意識化してきていると思うんです。近代では無意識の中ではもちろん共進化しているんだけども、意識の上では僕たちが主で、あっちは従なんだっていう風に思えたわけですね。しかし、現代では主従が入れ替わりながら関係は水平になっている。それはどういうことかっていうと、意識の上でも、われわれは機械と人間と動物が、同一の水準にあることを受け容れなきゃいけないってことになるわけですよ。で、その時に何が問題かっていうと、それを受け容れることができない人がたくさん生じるわけです。それはおそらくフロイトが言うように、意識は防衛機構なんで、やっぱり、拒否反応が出てくるわけ。無意識の上では当然、全員が水平的存在としているわけですけど、それを意識的に受け入れないといけない時代が来ている。だからこそ反動として人工知能は味方か敵かという考え方が表層化する。これまでもラッダイト運動(12)が産業革命のときに起こったけど、結局そういう運動は負けたわけじゃないですか。でも、その時に負けたっていうのは、結局、意識構造じゃなくて無意識によって産業構造が変わっていくとか、そういう方向性で動いて行けたからなんです。これまでは無意識によって時代が変わってきた。でもこれからは、意識の領域における枠組みの変化が情報社会において重要になってくる……。

清水　それを意識させるものとして、やっぱりメディアアートとかがある……。

上妻　そうですね、メディアアートも現代美術もそうですし、思想も、今後、絶対に重要になってくる。

清水　防衛機構が心理的に働くというのもそうだけど、哲学とか、学問の体系のうちにかつての二元論的な構造が織り込まれていて、なまじそれを学んでしまったから動かせない、というところもあるんだよね、多くの場合。そこをガッと崩していくと、感覚的に防衛機構が働いていても……。

落合　え、今なんて言いました？　その直前。

清水　古い哲学の体系をすでに学んでしまってて……。ホーリズム的な構造を身につけたがゆえに、違う形が出来てきているのをもう受け容れられないっていう人がいる。

上妻　防衛機構が構成されちゃってるんで、受け容れられない。

清水　アラフォーぐらいからもう固まってしまっていて、残念な人が多い……。

落合　「君は歴史について知らない」と説教されますからね（笑）。調べてるので「ある程度は知ってんだけどなー」と思いつつ、対話しはじめると大体みんな納得してくれますけど。このまえ猪瀬直樹さんに会ったんですけど、彼と仲良くなって。猪瀬さんが近代について話してるときに「最近の論客は、二項対立にしかいかないんだよね」と言っていましたよ。「めっちゃいい奴もいるんだけどちょっとそこなんだよなー」とかって。「旅の中では、問題は解けないんだよなー」とか言ってて、とてもウケたんですけどたしかにそうかもしれん、と。猪瀬さんは歳をとってるけど頭が柔らかい。

清水　柔軟ですよね。

落合　戦前世代は柔軟なんです。田原聡一朗さんも猪瀬さんと同じようなことを言っていましたね。「戦前世代にとっては、そのイデオロギーというのは意外と簡単に受けいれられることなんだけど、戦後世代は、たぶん無理だと思う」と言われましたね。「戦前と戦後のあの極端なパラダイム変化みたいなものが認識できてると、余裕でわかるんだけど、戦後世代はそのイニシエーションを経験していないから、たぶんわからないと思うよ」と。「それって結構終りなき迷走だから、今のうちになんとかするんだったら、なんとかしたほうがいい」と。僕が講演会に行ってお話すると、おじいちゃん、おばあちゃんが一番僕の考え方を受けいれてくれるんですよ。「歳をとってみるとわかるよ、人間は機械だからね。でもね、心があるんだよ。でもさ、心はあるけど機械だからね」みたいな（笑）。

結局のところ、われわれは人間でも機械でもないということが、歳をとって身体が動かなくなり、ペースメーカーと一体化してみてはじめてわかってくる。彼らにとっては実感として、そうなんですよね。

清水　やっぱりさ、福澤諭吉じゃないけど、（幕末から明治を生きて）一身にして二生を経るが如し、っていう風に。そのぐらい変わるはずなんだけど、二一世紀になって、全然変わる気がないよね、どうもみんな。

落合　人文系は、その速度を遅くするために働く、ダンパなので。本当にあれはよくないですね。なんとかしたいとは思っています。

「敵について」――近代とその終わり

落合　ここで突然ですが、茨木のり子(13)の詩を紹介しましょう(笑)。この詩がいいんですよ。「敵について」という詩です。「私の敵はどこにいるの?／／君の敵はそれです／君の敵はあれです／君の敵はまちがいなくこれです／ぼくら皆の敵はあなたの敵でもあるのです／／ああその答のさわやかさ　明解さ／／あなたはまだわからないのですか／あなたはまだ本当の生活者じゃない／あなたは見れども見えずの口ですよ」と言っているんです。「あるいはそうかもしれない敵は……／／敵は昔のように鎧かぶとで一騎／おどり出てくるものじゃない」とずっといって、「でもなんだかその敵は／私をふるいたたせない／組みついたらまたただのオトリだったりして／味方だったりして……そんな心配が」となって、「なまけもの／なまけもの／なまけもの／君は生涯敵に会えない／君は生涯生きることがない／／いいえ私は探している／の　私の敵を／／敵は探すものじゃない／ひしひしとぼくらを取りかこんでいるもの／／いいえ私は待っているの　私の敵を／／敵は待つものじゃない／日々にぼくらを侵すもの」みたいな。それで、「いいえ邂逅の瞬間がある！／私の爪も歯も耳も手足も髪も逆だって／敵！　と叫ぶことのできる／私の敵！　と叫ぶことのできる／ひとつの出会いがきっと　ある」と言うんです。ここで、やっと脱近代するんです。ここに行くまでは、二項対立をやりつづけていて、延々とお互いを批判し合っているんです。全体のことを部分なんだ、とか言ってる君の全体解釈は全体じゃないんだっていう。延々とここまで繰り返してるんだけど、ここでなにかに気がついて終わった、みたいな。

「敵について」という詩は、二項対立の人と対話するのによい。

清水　近代は、終わるんだよね。結局。

落合　近代はね、この辺で終わったの。

清水　いや、終わってるんだけどまだ気が付いてない。

落合　「君の敵はそれです／君の敵はあれです／君の敵はまちがいなくこれです」とか言って、だいたい世の中の議論はこの三つで終わる。そのあとの「ぼくら皆の敵はあなたの敵でもあるのです」というところは、あきらかに部分と全体の話なんです。これを、真夜中に一〇回ぐらい読むとなかなか良い（笑）。『茨木のり子詩集』は昔から好きでよく読んでいます。「敵について」は、部分と全体の話を延々としてるんですよ。で、最後に「部分と全体じゃなかった！」となる。

清水　敵がいるから、全体ができるっていうモデルなんですよね。最初のほうのやりとりは。しかも人間だけが問題になっていて物の次元がない。「私の爪も歯も耳も手足も髪も逆だって」っていうところで、始めて即物的なレベルで敵に出会ってる感じがする。

社会集団を全体として結束させるのが、「共通の敵」であるという価値観は、そもそも近代社会を駆動してきたものだよね。その価値観に吸引されて、そこで競争していくのが近代の社会で、そこでは「君の敵はあれです」ということがつねに囁かれ続けている……。ホッブズは自然状態では人間は「万人の万人に対する闘争」をどこまでも繰り広げると言った。人間の個人個人の能力差は大したことなく、同じようなものを求めるので、必然的に闘争が起こる。そうすると勝つのはマジョリティだから、最大のマジョリティにして最大のパワーに、権利を委譲して守ってもらおう。これが社会契約論の考え方です。この最大のマジョリティをホッブズのように国王と考えるか、ルソーのように多数派の国民と考えるかで違いはあるものの、基本構造は同じだよね。そして国家に権利を守られたうえで、結局経済競争のようなかたちで「同じものを求める」競争を繰り広げ、そこで敵や味方が割り振られながら生きていく……。

こういう社会では、競争で争われている対象じたいは、ボードリヤール(14)がその消費社会論で述べたように、じつは何でもいい。本当はそこの競争で抜きんでることこそが主眼だからです。物の次元がなく、またそこでのマジョリティや勝者もくるくる入れ替わるが、それらを相対化しているのも、人間と彼らの闘争でしかない。

でも実際には、そんな風にしてしか社会が成立しないと考えるのは、やっぱり変なんです。ひたすら誰もがレッド・オーシャン(15)で闘っていることだけが前提になっているわけだから。

たとえばさっきのハラウェイの例のように、道具と人間がじつは一体であり、それをまたシェアすることによって集団も出来ていくとか、そういう小規模な全体の出来かたもある。しかもこの場合の道具は、何とでも取り替えられて違うものになることができる。ハイヒールとか、同じ装身具だけを身に着けているわけじゃないよね。前回も話したストラザーンが言ってるのもまさにそういうことで、ある道具をある集団がどう使い、どういう関係をもつかによって、その社会集団が出来上がっていくと考える。ある道具をめぐる布置があって、それがその集団の性格を決めるんだけど、同じ道具でもこうした布置は、部族によって全然変わったりする。そういう物、道具が、小さな全体としての集団を相対化していると言うんだ。

集団の全体をまとめ、競争させ、諸集団を相対化させるものは、近代の世界観だと抽象的な「何でもいいもの」だった。だからその競争そのものも、同じ方向にどこまでも続き、拡大する一方で、棲み分けが成立する余地もないものだった。まさにそういう、グローバルで唯一の世界、唯一の自然があると思われたのが近代だった。

デジタルネイチャーは、こういう意味での「唯一の自然」に対するアンチテーゼであり、もっと巨大な多自然を僕たちに開示するものだと思う。それを通じて、かえってプレモダンにも近づいていく、そんなものなんじゃないかな。そういえば、「私の爪も歯も耳も手足も髪も逆だって」っていうのは、もはやプレモダンを超えて動物みたいですらあるよね（笑）。

三つの黒丸

落合　この話しましたっけ？　乳児が「Haar-like 特徴量[16]」で人を検出するという話。黒丸三つを画像で出す、と人間の顔に彼らには見えるみたいなんです。あれは、「Haar-like 特徴量」と言われていて、人間の顔認識プログラムと変わらないようにみえる。

清水　三つの黒丸っていうのは、目と目と口ですよね。

落合　そう、目と目と口。それで、コンピュータで古典的顔検出のプログラムを書くときは「Haar-like 特徴量」というのを使うことが多いんです。ディープラーニング以外はよくこれを使ってるんです。で、子供はあらかじめそれがプリインストールされてて、生後ゼロ日から「Haar-like 特徴量」の検出系が脳に入っているようなものだと思うんです。けれども、徐々に大脳が発達することによって、それが失われていく。学習することによって人間のヴィジュアルを覚え、後天的に人間の姿を認識することによって、われわれは賢くなったと思っているけれど、どちらが賢いかなんてわからない。特徴量ベースのほうが速いときがある。うちの子供は、遠近感覚がまだないから、目の前にロボホンを置くと、小さなロボホンと人間を間違えるんですね。まず、目と口があるから間違える。しかも遠近感がないから、大きい人だと思ってしまう。近くにある小さいものではなくて、大きいものと認識してしまうんです。その時点で、子守りをされてる状態と変わんないのかもしれない。

コンピュータの世界だと、高速に白黒のバイナリで探せるじゃないですか。フィルターをかけて、目、目、口を探す。これが特徴量検出の妙なんですけど、ここでポイントなのは、みなさん実体験として、小さい頃に天井を見ていると顔がたくさん見えていたでしょう。だけど今はもう見えないですよね。いつから見えなくなってしまったかは、もう覚えていないと思いますけど、大人になると見えないんですよ。それは脳が発達したからなんです。脳が発達する前の子供は、明らかに事前に導入された特徴量で動いているんです。それをぼんやり見ているから、変なところに顔が見えるとか言い出したり、なにか怖いとか言いだしたりするんです。あれは特徴量の話なんです。プリインストールされたデータの話なんです。

上妻　その話、おもしろいな。

落合　プリインストールされたデータみたいなものは、たくさんあるんだと思うんです。子供と対峙するたびに、このプリインストールされたデータを探したりするんですが、僕はこれがすごく好きなんです。最近一番おもしろかったのは、赤ちゃんが泣いているときの音声の周波数というのは結構高めなんだけど、その周波数帯の音が鳴ると彼も泣くんですよ。周りで誰かが泣いていると勘違いしているのかもしれない。「君が聞いたのはただのテクノだよ」みたいな。でもその区別がつかない。

上妻　そう、ああ、その話もあったな、最近。

清水　鏡像段階じゃなくて？

上妻　そうなんですよ、鏡像段階においては自他の区別がないから、子供がいっぱい居るじゃないですか。たとえば、育児所とかに子供預けるじゃないですか。それで、子供が一人泣く。すると、みな泣きはじめるんですよ。自分と他者の違いがないから、一人が泣いちゃうとみな泣いちゃうんですよね。

落合　あの人たちは、自分と他者の区別がマジでない。「状態遷移」しかしてない。

清水　行動の連鎖ってありますよね。大人でもあくびくらいはうつる。

上妻　人類学者の奥野克巳さんが翻訳した『ソウル・ハンターズ』っていう本があるんですけど、その中でもう一度鏡像段階に戻るっていう話が出てくるんですよ。もう一度子供に戻るための儀式を原初的な部族が代々伝えている、っていう話をしていて……。

清水　それって人間だけでやるんですか？

上妻　人間だけ？

落合　もう一回子供に戻るための儀式は可能なんです。認知症になったとしても、VRゴーグルをつけて過ごせばいいんです。「Haar-like 特徴量」でもう一回世界を見てみると、たぶん戻れる。大脳のもっていた学習データを失ってしまったとしても、「Haar-like 特徴量」は失っていないと思うんです。重度の認知症の方たちは、人間を人間だとは思っていないかもしれない。けれども、目、目、鼻、口は追うんじゃないかな、と思う。

上妻　今の話って非常に興味深い話で、鏡像段階には「Haar-like 特徴量」を捉える力があって、でも前頭前野は基本的にシンボル機能を司ってるから、成長するとシンボル機能が邪魔しはじめて……。

清水　だからあれだよな、パースの三項図式[17]でいうと、「Haar-like 特徴量」はイコンみたいな感じなんだな。

落合　プリインストールされた特徴量というのは、学習するのかな？　これについては研究してみよう……。

上妻　まだ残ってる可能性ありますよね、人間みんなに。

落合　そうそう。大脳の機能が活発になったから、そちら側にシフトしているだけで、その機能が失われると、戻る可能性は高いですね。

上妻　ＬＳＤを使用すると、大脳が機能不全になるんですけど、そしたら幻想とかが見えるっていうじゃないですか。それって今の話だと幻想ではなく……。

落合　幻想ではないですよね。

上妻　つまり、ＬＳＤを使用した状態だと特徴量を捉えてしまうから顔がいろんなところにあるように見えることを、大人だから「いっぱい顔が見えてる」とか怖がったり「これが現実だったんだ」と思ってしまうだけで……。

清水　赤ん坊の状態は、普通にラリってるってことなのか……。

上妻　赤ん坊は大人的な常識でいうとラリってる。特徴量を勝手に捉えて、勝手にいろんなものを認識しちゃう……。

落合　だって、目とかがストンとしてるもんね（笑）。なんかキマッた人みたいな顔しているよ（笑）。

上妻　ある友人と、VRとLSDを同時に使うことによって、大人を異なる仕方でリプログラミングできるんじゃないか、という話は結構してますね（笑）。

落合　視力が悪くなりそうですけどね。たぶんパターン認識能力がものすごい下がりますよ。二次視覚野が弱まるとパターン認識の精度がすごく下がると思います。

清水　そういえば落合くん、目にコンタクトを埋め込んでるんだよね……。

落合　ああ、入っています。よく見えます。これもおもしろいですよ。最初に、虹彩に穴を空けるんです。なぜ空けるかというと、瞳孔をコンタクトレンズが塞ぐと対流が溜まって角膜が壊死してしまうらしいんです。それを防ぐために、虹彩にレーザーで穴を空ける手術を受けるんです。そのあとレンズを挿入するんです。そうすると、万が一のことがあっても角膜は呼吸可能なんですね。そういうフェイルセーフをやってからはじめるんですが、その穴を空けまくった次の日、日光のもとに出たら、世界がピンホールカメラをぼやかしたような世界になっちゃったんですね。「終わった！」と思った（笑）。「あらゆるものが目に結像してるぞ、これで僕の一生は終わった」と思った。

でも、三日ぐらいして起きたら、「あれ、なくなってきた」となって、一カ月もしたら完全になくなったんです。これは、穴が塞がったわけではないんです。脳の演算が、ピンホール状態でもそのノイズのキャンセリングを可能にしたからなんです。

清水　ああ、それはそうですね。上下が逆に見える「逆さ眼鏡」とかをかけて生活しても、八日間で慣れてぐるっと逆転して正常に見えてくるという。

落合　若い方が適応しやすい。

清水　頭痛がよく起こるって、言ってなかったっけ……。

落合　眼痛はよくありましたね。でも最近、治ったんですよ。疲労が溜まりすぎると眼痛になることはありますね。

上妻　それはもう、寝なさ過ぎるっていう、別の問題というか（笑）。普通の人間とは違う状態に入ってる。

清水　ついでに目を青くしようとか、そういうのある……？

落合　僕の場合は、そういう感じはないですね。

清水　もし老眼になってきたらどうするの？

落合　コンタクトを抜くんです。抜くのは楽らしいです。角膜は一回切ると塞がらないので、ぬってあるところの糸を切ってよいしょってやるとパカッて開くんですよ。これはイニシエーションで角膜が切れた人類になるってことです。意外と細菌感染は起こらないらしい。

上妻　入れ替え可能な眼球になってるという……。

落合　一回切っとくといいです。別に切るだけだったら、変な形にはならない、削らなければ。僕も早くイメージセンサーでも入れたいんですけどね（笑）。

清水　一〇年経ったら、姿自体がもう変わってるんじゃ……。

落合　目のなかにレンズを入れたら、カメラのレンズの好みが変わったんです。F値が上がるので緑が綺麗に見えるようになりましたね。「ちょっと得したな」と思いました。僕は一眼レフで言うと、シグマのレンズや、ニコンのセンサーが好きなんです。たぶんキヤノンのレンズが好きな人は、この手術は向かないんですよ。パッキリ、キッパリ見えて、あとは緑の奥深い感じが、よく見えるようになるんですね。要は多レンズ系になったようなものなので、すこしF値が上がって、かつボケが効かない感じになるんです。F1.4とかで世界を見てた人が、突然F2.8の世界にきたみたいな感じです。夜目が効かないわけではないんです。脳には高処理機能がついてるから、夜目効くんだけど、直感的に見える色が変わるんです。でも、そのうちキヤノンっぽい目にもしたいんですよね。あとニコンとか、ライカにもいきたいとかはあります。本当に眼球のなかにレンズを入れられるようになると、カスタマイズする意味でカメラメーカーは安泰だと思います。「君の目はライカなんですか！」「それはセンス合うなあ」みたいな。

清水　レンズって本当は結構、ハイテクだったんですよね。スピノザが磨いて生計立ててたとかいうと、哲学者なのに何してんだろうと思うけど、当時は超ハイテクだった。

落合　そうそう、レンズはとてもハイテクですよね。近代のなかで、人間がレンズを発見したことはものすごく大きい。イメージと物を分離するための物質という概念ですからね。レンズがなければホログラフィも生まれなかった。光中心の人間でなかったら、この虚構世界はなかった。人間にとって目はきわめて重要です。だけど音は、後発なんです。なぜならエジソンが出てくるまで、実空間で音というのはレコードできなかったから。本当に音というのはレコードできなかった。だけど、レンズだけではレコードはできなかったけどカメラオブスキュラの投影面をつかって同じものを二個に増やすことはできた。音は同じものを二個に増やせないから、本当に大変。エジソンが、それをやってしまったときは、その時代の人は相当驚いたはずなんだけど、カメラオブスキュラ体験していた人にとって映像装置自体はそんなにビビらなかったと思うんです。

上妻　なるほど、もともとレンズがあったから。

落合　映ってるだけならできるだろうとみんなは思ったでしょうね。でも、音は本当に驚いたと思います。もちろん、写真ってスゴイと思っただろうし、それを動かすのはイノベーションだと感じたはずですが。

動物は、インターネット世界にいる

落合　この考え方でポイントなのは、犬だと思うんです！（笑）犬がなんでポイントかと言うと、犬は主感覚が匂いなので、その感覚では未来と過去と現在の区別があまりないんじゃないかと。光は動くし、音も動くから失われるんだけど、匂いというのはすぐには減らないんですよ。

清水　嗅覚は犬も人間もじつはあんまり変わらない、というような話もあるらしいですよね……。

落合　でも、依存度が僕らとは違うじゃないですか。犬は、目もカラーではないし、弱い。犬にとっては音こそがリアルタイムで、匂いは非同期インターネットなんですよ。つまり、時系列が正確ではないデータベースなので。だから、グーグル検索するように鼻をフガフガさせてるんです。あれは、われわれで言えば、ググっているんです。ググってて、耳でコミュニケーションしている。「ちょっと待って、今ググるわ、ああ、右」みたいな。そう考えると、犬っておもしろい！　となる（笑）。でも、多くの野生生物は匂いでコミュニケーションしてて、それは、インターネット的だと思うんですよ。知識が溜まっていて、その検索行為自体はリアルタイムなはずなんです。リアルタイムなんだけど、非同期なんです。音はもちろん犬にとってもリアルタイムですが。

深海生物とかもおもしろいですよ。光はないけど彼らは、匂いという観点でほぼインターネットです。同一の液体に溜まっていて、匂いが検出できるから、どこになにがいるのかをググれる。音が３Ｄソナーになってるから、見ることもできる。

上妻　なるほど。インターネットっていう発想はおもしろいな。

清水　外部に基盤を置いて考えるってどういうことかな、と思うね。もともと哲学でも経験論がそういうことを主題にしていったという経緯がありますね。

経験論の歴史をひもとくと、もともとイギリスで、バークリーやヒュームみたいな経験主義が出てくるわけだけど、これは懐疑的な経験論だった。経験と経験が、うまく繋がらないこともある。だからこそ経験を重視しようという立場だった。でもこれはフラットなようで、同じメモリにデータを書いては消し、書いては消ししているようなもので、経験とは別にメモリとしての主体は残っているわけですね。その意味で、内部が残っているというか、内部で考えている。ドイツ観念論になるともっと露骨に主体の働きが強いんだけど、これらの思想に対してウィリアム・ジェイムズは、経験一元論を唱えるんですよね。それは主体と対象、内部と外部は違いがなくて役割を替えているだけだというもので、純粋経験論ともいう。メモリとしての主体が別にあるんじゃなくて、経験と経験がたまたま連接して、持続しているということ……それ自体も経験だと考えるんです。匂いのするほうへ行ってみたら、昨日おしっこをひっかけた電柱があった。経験と経験がうまく持続すると、その前の経験は、それを予期してたってことになる。主体というのはじつはこれなんだと。あとに現れた経験、電柱は予期されていた対象ってことになる。それだけの違いだって言うんです。ウィリアム・ジェイムズは徹底して、こうした立場から世界を説明しようとして、割合早くに亡くなった。西田幾多郎はその純粋経験論を受け継いで、発展させた人でもある。ただ、ジェイムズはどちらかというと、連接した瞬間の話をずーっとしてる。一方で西田は、持続性のある話をしてるんだよね。ピアノを名人が一心不乱に弾いているようなとき、楽器という物からの作用と主体からの作用が行ったり来たりしながら、交錯するように連接して、それがずーっと続いている。こういったものも西田は純粋経験だって言う。持続もあるし、ある行為に関心が向かってる間が、まるごとそのまま今なんだとも言ってる……。しかも今だけでなく、この場合の私のここ、っていうのも、それまで含めたここだと思うんだよね。だからそういうことを考えていくと、自他の境界がもはやないってことは経験論でも語れるし、デジタルネイチャーの話でも語れるし、生物も恐らくそういう世界に生きてるっていうことが言えると思う。

落合　自他の境界は、匂いの感覚の上ではあいまいだと思います。犬は Twitter にポストするかわりに、電柱におしっこかけてるもんね。そういうマーキングはおそらく彼らにとっての Twitter ですよ。くんくん匂いをかいで、「あいつらいるんだ」みたいな。「みんな元気かな」みたいな。

清水　一種相互に入れ子にもなっていて、そのなかで行動してるし、データベースとして受け止めてもいる。

落合　匂いベースで社会を捉えると、とてもおもしろい。僕たちは匂いがそこまで繊細にわからなかったから、インターネットを作らないといけなかった、と思うこともあるんですけど、犬にとっては、そういった共有性はおそらくナチュラルなんです。犬の嗅覚が人間の何倍あるかという議論は、置いておくとして、仮に一万倍あるとしましょう。もしも一万倍あったとしたら、彼らにとっての世界は僕らにとってのインターネットと似ている。どこになにがあるかをあらかじめ知っている状態で生まれて、かつ世界のどこになにがあるかわかった状態で座っていて、たとえ誰かと離れていても彼らは耳もいいから「ワン」と鳴けば、「ワン」と返ってくる。これはまさにわれわれでいうインターネットの世界なんですよね。われわれのイメージするような全地球的な電信系ほど広くはなくていいんだけどね。それを言えばイルカも最強のインターネット的な生き物で、「弱い嗅覚」と「聴覚」と「超音波」でやり取りしてるから、彼らも僕らがつねにスマホしているみたいなものと同じなんですよ。脳と体内器官で情報の送受信を他の個体と行ってインターネットしているようなものだと思うんです。

清水　これ、人類学のパースペクティヴィズムとかと重ね合わせると、おもしろい議論になる。ジャガーみたいなほかの動物のパースペクティヴと、人間のパースペクティヴは、相互包摂的にあるっていう議論。非人間のパースペクティヴに人間が入ると、それはまた違う意味の布置というかデータベースのなかに組み込まれる。ストラザーンの「道具」じゃないけど、複数の布置をまたいでわれわれも、生物もある。

落合　人類のみがインターネットに到達可能だと思っている自覚は、ほぼほぼ間違えかもしれない。匂いを直接正確にセンシングするソナーが、僕らにそなわっていないということが、情報と物質の分離を生んでるんです。つまり、物質世界のものをオプティカル（光学的）にじゃなくて分子が入ってきた情報として認識するのが鼻の能力じゃないですか。口もそうです。口は限定的な距離範囲でしか作動しないけど、鼻は分子が微量でも入ってきたら反応するぐらいとても感度がよくて、犬とか水中生物だったらかなり遠くのことまでわかるかもしれない。つまり物質世界をデータ化していけるので、これはわれわれにとってのカメラとセンサーによる外界の情報構築、つまり、スマホと似ているんですよ。

だから、犬にとっての非同期サービスというのは、おしっこと鼻と言えるかもしれない。それによって、永続的に世界にあるさまざまな情報を飛ばせるし、かつそれがプールされている世界の様子を一気につかめる。フェロモンで動いてる生き物たちは、インターネットベースの価値観みたいなものをあらかじめもっているかもしれない。その上で、自己と他者の区別をつけたりつけなかったりしながら生きている。だから、狼とか一匹が遠吠えしはじめると、みんな遠吠えしはじめるじゃないですか。みんなで「ウーッ！」って。あれもわれわれのインターネットカルチャーに近くて、そういったことを毎日考えながら調べて検証するのがおもしろいんですよね。

清水　ガブリエル・タルドっていう、社会学の初期の大家で心理学者でもある人がいるんだけど、その人は人間が行う創造という行為のもとにはまず模倣があり、……これすごいオプティカルな比喩なんだけど、他人のもっている観念や行動を、脳内の銀板に撮影するようなことだ、って言ってる。そしてそれらを、複数結合することによって創造が行われる。人間の脳というのはそういう結節点なんだ、ということを最初に言った人なんですよ。これ、「銀板」とか、その時の用語だと「何だそりゃ?」って感じだけど、いまの嗅覚の話なんかを聞いてると、まさにそんな感じだよね。人類もインターネットという道具を使って、まさにそのタルドが言ったような形になってきてると思うんだよね。

落合　本当にそうですね。われわれは物質世界に関して、あまり高次元で高解像度の情報空間をもちえないんですよ。だから、スマホとインターネットが発達するまで、われわれは情報空間というものを、物質と切りはなしてもてなかったんです。匂いをベースにしてる動物は、光や音を介さずに物質をデータに変換します。そうするのが、彼らにとっては当り前のことなんですね。彼ら全員の脳のなかに情報空間と物理空間が常時存在してて、外在的なデータは全員閲覧可能という前提で、その上の通信として彼らは尻尾とか振り合っているんです。その感覚でわれわれを見てみると、僕たちはそこが遅れているんです。スマホがあるから、インターネットがあるから、今は全体みたいなものをぼんやり感じることはできているけれど、基本が刹那的な情報量――光と音とか、触覚とか。味覚、嗅覚もあるけど、そんなに強くはないですからね――でしか空間認識できていないんです。でも、赤ん坊は嗅覚がとても強くて、おもしろい。

上妻　インターネット的世界っていうものは、かなり普遍的なモデルとして使えるってことですね。

清水　近代的な人間主体を捨てると、段々そうなっていく（笑）。

落合　嗅覚的世界。光、音より物質性が高い。

清水　だから、東浩紀が動物化って言ってるのとはまた全然別の次元で……。

落合　東浩紀さんの言う「動物化」というのは、「人間化」した前提の動物化ですからね。あれはこれとは全然違う。東さんのことはとても好きなんですけど、「動物化するポストモダン」というのは、二項対立の典型的な言葉なので。

清水　そう、だから、ハイデガーが作ったフレームで、それが崩れるってことだから……。まあ、僕もゲンロンカフェとか出たりしてるけど、そこはちょっと違う。そういえば昨年、友人の映画監督の金子遊とあそこでイベントをして、「ここは俺が主役だよな」と思って、でしゃばって喋ってたんだけど、一〇日後に金子がサントリー学芸賞とって。あれは格好悪かった

（笑）。

上妻　元々はアレクサンドル・コジェーヴの、動物っていう概念から来ているんですよね。

清水　『開かれ』っていう本もそうだよね、アガンベンの。

上妻　コジェーヴの動物っていうのはアメリカ人をモデルにしてるんですよね。記号とか刺激によってのみ生きてる人を「動物」と呼んでいて、人間には理性があることになっている。政治的議論ができるのが人間だっていう話なんですよね。だから人間っていうのは終わって、全部が動物……刺激だけで動くようになるっていう議論なんですよね、確か。

清水　だからさっきの、動物に関する話、これまでの議論と全然違っていてすごくおもしろいんですよね。さっき西田をめぐって、「形」をどんどん変えていく、「多の一」をもっと小規模に、ミニマル化してどんどん変えていくと、新しさも出てくる、逆説的にそれで「一の多」になるって話がでてきたでしょう？　「多の一」と「一の多」が、絶対矛盾的自己同一で同じになると。こういう用語は何を言ってるのか、一見さっぱりわからないけど、結局今言ってるようなことなんですよ。絶対矛盾的自己同一では、一即多ということも言われるんだけど、あれはやっぱり仏教の思想でもあって、華厳仏教にあるネットワーク的な世界像ですよね。インドラの網のように世界がネットワーク化されていて、その結節点が一つひとつ鏡のような宝珠になっている……。そしてそれらの宝珠どうしが重々無尽、相即相入でお互いを映しあっているという世界観。ああいうものを西田が理論化したんです。それを今の時点で言うと、人類学でクローズアップされているアニミズムや、パースペクティヴの相互包摂という主題も全くそうだし、それから動物の話もそうだし、近代的な人間主体を捨てたところで、またあらゆる領域の再構成ができる。

大《だい》衆《しゅう》、虚、空——近代日本語の遡源へ

落合　最近、「大衆」という言葉が好きなんです。「大衆」というのは元は仏教用語で、「高度に仏法を遵守するように訓練された僧侶に寄る集団」という意味だと習いました。

清水　「大《だい》衆《しゅう》もろともに、至心に三宝《さんぽう》に帰依し奉るべし」と言うよね。

落合　それを僕なりに言い換えると、「コンピューテーショナリー・コントロールド・ヒューマン」かもしれない（笑）。この言葉を、日本語が母語辞書にもっているということは、すばらしい。それは、大衆というのは本来そういう意味だから。

清水　マスじゃないんだね。

落合　そうそう。なにも言葉を作り替えなくても、われわれ大衆は、「コンピューテーショ

ナリー・コントロールド・ヒューマン」になりうる。「え、なんでこんな便利な言葉を日本人は昔からもってんの」みたいな。何らかの哲学的、そして生成的ルールを守る集団としての多数の人々。

上妻　でも、そういうことですよね。元々の定義に依るなら。それが、僧侶からコンピュータへ移行する……。

落合　そうそう、「仏」から「コンピュータ」になっただけ。「大衆」という言葉は、「近代」という短い期間だけ、「マスメディアや、国民国家のその他大勢でいることを受けいれる人」という意味で使われてただけで、本来の意味もこれから使われる意味としても結局は同じところに帰着していくんです。これはじつにおもしろい。

社会の「社」という言葉は、道祖神の集まりという意味だと聞きます。道祖神を中心とする集まりを中国で「社会」と呼んだから。他のアプローチとしては、福澤諭吉が最初は「society」のことを「仲間連中」と訳していたりして、なかなかしっくりこないから「ソサイチー」と片仮名で書いてたんだけど、誰の導入だったか「社会」という言葉になっていった。でも、それは明治政府ときわめて似ている、明治政府は天皇を置くことによって、日本を一つの集まりにしたんですね。つまり社《やしろ》があって、会がある世界。天皇を社にした会の集まりだから。戦後の社会構造を三島由紀夫が怒りましたよね。「天皇がいない国に社会はない」となってくる。中心がなくなったら明治に培った「社会」性はくずれるし、戦後はそれを変な形で相続したわけですよ。たとえば、憲法は変えたけど議論の形式はあまり変わらない、というように。国会も変えたけれどもドラスティックには変わっていないですよね。そこが、今、もう一度原義的に戻っちゃうんですよ。分散型サーバーのマストドン(18)みたいなものだったら、ある種の道祖神、「社会」はソサイチーなんです。

清水　明治の始まった頃って、結構社会学なんかが海外でも始まりかけの頃なんだよね。でもその頃って相当激しく動いていて、さっき触れたガブリエル・タルドも結構有名な人だったんだけど、やっぱりデュルケム(19)なんかの社会学に覆われて死後は忘れられてしまう。デュルケムとかが見た社会って何かというと、やっぱりマスなんだよ。だから、ベルクソンとかが一番有名だけど、個人を超えて、だんだん集団へと向かっていく思想、生気論的ホーリズムが優勢になっていく。文学でも、トルストイとかもそういう風じゃない？　彼の『人生論』とか。機械論的世界観や主知主義に対する反動があって、ある意味では政治上の全体主義にも繋がっていった。だから、あの時代の一歩前に戻るだけで、もう随分違うと思うんですよね。たぶん、明治は中間的なものをまだいっぱいもっていたんですよ。

落合　便利じゃない言葉もいっぱいあって、この前このお話ししましたっけ？　現実の「現」という言葉が気にいらない。これは「To appear」という意味なんですよ。「実」は、中国語でひいても「Substance」もしくは「Real」です。ということは「To become appear」な、「Substance」もしくは「Real」というのは、ほぼ「ヴァーチャル・リアリティ」という意味ですよ。「ヴァーチャル・リアリティ」という言葉を日本語に訳すときに「なんとか現実」というときの「現」の字が邪魔でしかないんですよね。つまり、なぜ「ヴァーチャル・リアリティ」という言葉を日本語に訳せないかというと、「現実」という言葉そのものがそもそも「ヴァーチャル・リアリティ」という意味を含んでいるからなんです。ダブルミーニングになってしまうんですよ。「われわれの見ている現実というのは」というのが、「To be appeared as reality」というような意味なので。日本語には「真実」みたいな言葉はあるんだけど、「real」という言葉がないんですよね。これが、なかなか難しい。こんな風にたまに明治の訳語で成立してない言葉がある。「ヴァーチャル」というのは、本当は「虚実」みたいなものなんですよね。「イミテイテッド・リアリティ」みたいな言葉であてるほうが、正しかっただろうと思います。最近はしょっちゅう中国語辞典と明治翻訳語とを見比べながら、合っている言葉と間違っている言葉とを調べているんです。「虚」という言葉も難しくておもしろいですよね……。

上妻　今の話は重要ですね。人間ってその都度認識するじゃないですか。で、そのときに、いったんカテゴライズしちゃうんですよ。マルクス・ガブリエル風に言えばその「意味の場」にとらわれてしまう。だから一見「虚と実」が分かれているように見える。でも「現実」や

「ヴァーチャル」の意味が混乱していることが象徴的なように、分かれてないいってことを受け容れられる人間と受け容れられない人間がいるわけですね。『マトリックス』の3を見て、「何でここにエージェント・スミス来たの？　プロット破綻してるわ」って思う人と、「そうだよね」って思う人、多分二パターンいるんです。つまり、虚っていうものと、演出空間っていうものが重なってることを、受け容れられないいっていう人間がいる……。

清水　そういえば、虚っていうと、「空（くう）」ってあるじゃない。「空（くう）」の概念って大事なんだよ。こういう一見否定的なものの定義ってすごく微妙なんだ。命題Aの否定として、西洋の論理学だと第二に非Aというのが出てきて、両者は排中律によって共存しない。だけどインドだと四つも出てくる（笑）。最近僕はナーガルジュナの『中論』[20]にすごく凝ってて、あれはしみじみ仏教の基礎だなと思うんだけど、彼の「空」の概念っていうのは、インドに古来からある四句分別という、四つの命題を対比させていく議論から生まれているんです。山内得立[21]という人は、こういう議論を「テトラレンマ」（四つのレンマ）と命名したんだけど、『中論』は全編このテトラレンマの展開、応用なんだよね。

『中論』第一八章、第八偈を例にすると、最初の命題が、①「すべては真である」だとする。これに対し、二番目は、②「すべては偽である」という命題が出てくる。ここまでは、西洋のロジックと同じ。ところが、三番目に、③「すべては真でありかつすべては偽である」というものが考えられる。排中律そのものを否定してしまうんですね。……ところがこれだけでは終わらない。これはすべてが「真」であったり、「偽」であったりするシチュエーションに左右されているから、まだ絶対の否定に至ってないと言うんですよ。これってたとえば、デカルトが『省察』で、丸い煙突だと思ったものをよく見たら、四角い煙突だったとかいう話があるじゃないですか。そういうことをいちいち信じてないで、誇張懐疑で感覚的知識そのものを全部否定してしまう、みたいな話があるけど、そんな感じで、この第三段階すら否定しようということで、④「すべては真実であるわけでもなく、かつすべては真実でないわけでもない」っていう、第三レンマのひっくり返しが出てくるんですよ。これが第四レンマ。でもこれって、どうやったら成立するのか、現実としてはよくわからなかったんだよね。ただ虚無なもの、と仏教界でも長く誤解された。でもこれは、②命題の否定、③排中律の否定、④排中律の否定のさらに否定、という段階を経ているので、究極の肯定の思想であるはずなんだよね。ただ、西田幾多郎が最後に、絶対矛盾的自己同一ということを考えた。これは、さまざまな「多の一」を形として作っていって、それをどんどん組み替えていくと、「一の多」にじつはなっているというものだったけど、「一の多」にあらず「多の一」にあらず、しかも一即多、それらがこの「今」において合一するというのは、シチュエーションの変化というような時系列の変化すらなく、まさに第四レンマ的だと思うんだよね。

上妻　だからそれは僕の考えだと制作の主体ですよ。制作の主体っていうのを絶対矛盾的に……。

落合　そうそう。コンピューテッド・デジタル・ダイバーシティ状態になっていくと。

清水　そう、それで大事なのは第四レンマがまさに「空」であるということなんだよ。「空」は、もはや否定もされないからある種「実」でもあるし、「空」でもある。「空」というか「虚」でもある。その両方なんです。

落合　『AERA』のインタビューで、「落合くんの目標はなんですか?」と聞かれたんですね。そのときに「デジタルネイチャーとは涅槃である」というふうに答えたんです。「デジタルネイチャーになるとみんなが空を知覚できる」とよく言っているんですけど、そんな感じですよね。

清水　そうだね。だからそれをアートとか、一種「風狂」という感じでやっていくと、それこそ前回も出てきた一休みたいな人になってくるんだよね。

落合　そうですよね。

清水　それこそ、それが一休のひ孫弟子でもある茶道の利休とか、そういう人に受け継がれて来たのが日本の文化ですよ。

落合　茶室というのはインスタレーションや体験価値に軸を置いたアートなんですよね。

清水　明らかにそうだし、やっぱ近代でダダダッと変革があって、海外から受け容れた主体観とかも、だいぶ向こうのほうから崩れて来ているわけで、やっぱりそれ以前からあるものを何らかの形で再構成する必要がある。再構成っていうか、いま一度、つねに形をくずし、変えながら生きてきた人たちの文化というものに還らないと……。

上妻　今の話だと第四レンマっていうのは、前提なんですよ。要は「空」を受け容れたうえで生きるっていうのはどういうことなのかっていうと、制作にある。だから「空」は、環境を受け容れなきゃいけない前提で、つまり、さっきの話で言うと……。

落合　「セイサク」というのはどの字ですか？　衣のほう？　衣がつかないほう？　日本語では使いわけているんですよね。でも、ポイエーシスは分けてはいないんですよ。分けた日本語というのは、その部分ですごいセンシティヴなんですよね。本当におもしろい。

清水　でも西田自体も、露骨にポイエーシスとしての制作論に行くんですよ、結局。さらにまた西田の制作論は、時間論にもなっているんだ。機械論的世界観みたいに、ああいう既成の既知のことからあるものを構成していく場合は、原因が過去にあるんですよ。いわゆる、起成因からの理解というやつ。一方で、「一の多」と呼ばれるもの、目的因的な世界観は、原因が未来にある。種はやがて樹木になるという目的をもつものである、という風に。それらが矛盾的におのずと……、ひっくり返って合流する……これが「今」なんですよ。過去と未来の矛盾的な合一が「今」。ほっておいたら「今」は起こらないかも知れないんです。アウグスティヌスが言うように、謎のままかも知れない。

上妻　でも、そうなんですよ。結局消費するだけの人間って「今」がないんですよ。つまりリアリティがない。

清水　その未来と過去の交点にあるのが制作なんで、「今」はまたまたどんどん、「形」を変え、組み替わさっていかないといけなくて、ある意味で古い「形」を捨てていかないといけない。

上妻　つねに作り続けないと「今」がない。「リアリティが今」っていう概念は作り続けることが前提になっているので、変わり続けなきゃいけない。でも、どこか安定した絶対的な場所がないと不安に思う人がいる。それは絶対空間や絶対時間という枠を必要とした近代科学もそうだし、それを前提とした近代的主体もそう。「空」を受け容れるってことを「無」になることと考える人がいるけど、「無」じゃないんだよ。全然違う。制作の前提に「空」はあるんですよ。怖がる必要はない。

清水　僕は、さっきのテトラレンマの思想みたいなものって、じつはメイヤスー(22)にもあると思っている。メイヤスーの『有限性の後で』の、邦訳の一〇〇ページぐらいがちょうどそんな内容になっているんですよね。四人の登場人物がでてきて、哲学上の議論を繰り広げるんです。

四人のうちの最初の人物が「素朴実在論者」で、次が「素朴懐疑論者」、これは、そのまんま「すべては真である」の第一レンマと、「すべては偽である」の第二レンマですよね（笑）。次に、「懐疑論でもあり、かつ実在論でもある」それらのどちらとも言えないのだ、という相関主義的不可知論者なんていうのが出てきて、これがポストモダン的な価値相対論の人なんですよ。これは結構状況次第というか、オポチュニズム的な態度でもあるんですが、さっきの第三レンマですよね。で、それをさらにひっくり返したのが第四の人物、思弁的哲学者で、それがメイヤスーなんですよ。つまり、メイヤスーは第四レンマを語りたいわけなんです。でも、彼もまた虚無的で不毛な世界を語る人だと誤解されているよね……。これは「空」が虚無思想だと思われたのとまったく同じですね。「空」は虚妄などころか、あそこからさまざまな文化が始まったのであって、日本人的にはあらゆる文化の出発点みたいなものだよね。

落合　一休のおもしろいとこはそこなんですよ！　一休の言っていることは、「シュレーディンガー方程式[23]」的なんです。確率密度を考えるようなもの。対生成と対消滅。なにもない空間というのにもなにかが生じ得るんですよ。つまり、負のエネルギーと正のエネルギーが同時にポンッて出てくれば、足してゼロならなにかが出てきてもおかしくないから、なにか出てきちゃうんですね。心の中や物質から、ゆらぐ空を見ている。

清水　シュレーディンガーの『生命とは何か』は、ミシェル・セールもすごく好きなんだよね。

落合　僕もシュレーディンガーの『精神と物質』がとても好きですね。

清水　シュレーディンガーっていう人は、生命の定義をネゲントロピーという概念を使って展開したけど、ブリルアンとか、フランス系の情報論の連中はその概念を情報の定義に使っている。

落合　不確定性原理の話をしていることもあるかもしれない。

清水　フランスでは、デカルトが『人間論』で動物を一種の機械だと見なしたりしたけど、反デカルトの学者の系譜もずっと強くあって、それは生命の哲学の流れなんですよね。医者とか、博物学者とか、フランソワ・ベルニエみたいにインドまで行っちゃうような冒険家とか、ラ・フォンテーヌのパトロンだったラ・サブリエール夫人(24)のサロンはまさにその拠点だった。ラ・フォンテーヌの『寓話』で、やたら動物がベラベラ喋ったり人間臭かったりするのも、そういう背景があるんです。そこからさらに時代を経て、ベルクソンまでいくじゃないですか。ベルクソンは生の哲学の人で、にもかかわらず生命と物質を背反的に分けちゃってる。それで、セールの師匠のバシュラールもその流れを引いて、やっぱり二元論的だったんですよ。夢想と労働とか、ポエジーと科学とか。セールは、しかしそういう二元論を採りたくなかった。その頃は二〇世紀中葉で、分子生物学とかが爆発的に発展して、シュレーディンガーがいたような時代だったから……。

上妻　ジャック・モノー[25]とか、プリゴジン[26]とかが登場した……。

清水　そう、モノーもプリゴジンもセールとは仲良いんだよね……。で、話を戻すと、情報と生命と物を同じ次元で語れる方向に、時代が動き始めていた。それで、セールは「俺はこれでいけるぞ」と思ったんだ。そうした動きをライプニッツの哲学と結びつけて、二項対立的じゃなく多元論的な、しかも汎心論的、汎生命的な哲学を作ろうと思って、さまざまな理論や概念を提示したんだけど、あまり理解されなかった。だけど、一九九〇年代ぐらいになって、だんだんインターネットとかコンピュータとかが普及して来たら、技術面でそれを全部言いやすくなったんだよね。情報と物を同一レベルで語るとか、人間と道具の共進化とか。ピエール・レヴィとか、弟子たちがまた随分わかりやすく議論を展開するようになった……。と、まあ、そういうことで、今日にいたる……(笑)。

上妻　なのでまあ、本来だったら若い人はすんなりわかるはずなんだけど……。

落合　小学校に入る前の子供は、よくわかってくれると思います(笑)。

上妻　僕の「若い人」の認識が甘かった(笑)。

落合　五歳ぐらいの子供はよくわかってくれますよ。

ホログラフィをめぐって

落合　僕は、もともと分類的には計算機ホログラムの研究者なんですけど、「ホログラフィ」というものは本当におもしろいんです。なぜおもしろいかと言うと、人間は、変化するもの、つまり波動しか感覚として得られないからなんですね。だから、分子についても分子の濃度の変化しか認識できない。本質的にはすべて波なんです。波しか認識できていないわれわれにとって、波を合成されたら物質と区別がつかなくなるんです。つまり、まったく同じ波を出されたら、その波は感覚器から逆に定義可能で、それは計算可能なんです。だから僕は、「たいていのことは計算できる」とよく言っているんです。データの上ではたいていの波面は作れるから、物は浮かせられるし、プラズマも出せるし、音も出せるし、光も飛ばせるんです。ホロでホロを作るとかが最近ハマっている研究。

清水　なるほどね。場を作るって言ってますよね。

落合　場を、ここにもう一回畳み込めるんですよ。

清水　それはまさに、哲学的な意味でも「場所」だと思うんだよね。

落合　これポイントで、ピクシーダストはフェーズドアレイ(27)なんですよ。フェーズドアレイは、時間方向の振幅変化を使って作る。近頃空間方向の配置も制御して、時間方向の音を作るんですよ、逆なんです。これはね、たとえば、メタマテリアルなんです。インタラクティヴなメタマテリアル。これは、きわめておもしろいですね。

清水　西田幾多郎の場所論って、「無の場所」とかいう風に表現されて、それ自体包摂的な、実体的じゃない、逆ホーリズムみたいに捉える人が、結構多いんだよね。だけど実際はそうではなくて、さっき「形」っていったのが皆一つひとつ「場所」なんだよ。

落合　Spatio-temporal Resolution ですからね。

上妻　そうなってくると、逆説的に「物質って何なのか」というのが気になってきます。この世界は人間の五感と認識の水準ではデジタルネイチャー的に構成することができるようになる。でも、そうなってきたら、じゃあ、目の前のこれはなんだ、っていう疑問も生じる。細かくしていけば、原子や中性子やクォークという水準まで分解して認識されるわけですけど、グレアム・ハーマンが下方解体(28)と呼ぶようにそれでは物質の本質を捉えられない。他方で対象の性質や出来事を本質として捉えるのも無理がある。

清水　その下方解体と、上方解体の、ズレが物の脱去《だつきょ》(withdrawal)。

上妻　その「脱去」が何なのかというと、ある種のブラックボックスになっている気もする。

「脱去」って言葉である種逃げているんですよ。

清水　それを、逃げてるという風には僕は必ずしも思わないけどな。

落合　最近、大栗博司先生[29]――そのうちノーベル賞をもらうと思うんですけど――とホログラフィについて話をしたんです。彼はホログラフィ原理も専門の一つです。「宇宙の様々な力をホログラフィ原理を用いて記述しよう」という議論は盛んです。ホログラフィックメモリーみたいな二次元的記述系を作り出して、それを三次元展開していると理解をはさむ。そういう議論が理論物理学者のなかででてくる。

物はあるのか、ないのか？

上妻　そういう方は、どう捉えてるんですか。物質っていうものを。

落合　そもそも、現象を構成するアトム的な基本要素としての「物質」という古典物理的な捉え方をしていないと思います。違う意味で、データのことを考えてばかりの僕も「物質」という捉え方をやめています。だからもう相転移としか言っていないんです。物質とホロというのは相関関係にあって、人間が波動に見えるようになってくる。空間的な処理系に見えるんですね。

清水　昔からいろいろな考え方があって、たとえば仏教でも、「ダルマ」っていうと、たいてい「物」って訳したりする。「法」とも言うじゃない。法……諸法何とかという風に。

上妻　僕たちは今の落合くんの話を容易に受け容れられるんですけど、一般的には「物の物性」にどうしてもリアリティを感じるわけじゃないですか。では一般に言われている「物の物性」って何なのかっていう……。物がもつ強いリアリティから抜け出すにはどうしたら良いのか。

落合　『魔法の世紀』にも書きましたけど、やっぱり解像度の問題でしかないと思いますよ。

上妻　じゃあ、何でこういう物が解像度が高いのかっていう……。

落合　解像度が稠密だからです。

清水　結局……主体を軸にして、そこに還元し得ないものを考えればいいんじゃないかな。物性ということで。

落合　物性とホロ世界。

清水　グレアム・ハーマンも、物はそれに対面している別の物や主体からは「汲みつくし得ない」ということを繰り返し主張している。こういうことって、哲学的には、普遍的な規定に還元されない個物のスペシャライゼーションが起こってくるときにどうなるのかとか、さっきも触れた「今」っていうものが次々生じてくるのはどういうことなのかとか、そういうことと一緒に考えていくべきことじゃないかな。「今」というものにも、幅があるのもあるし……。

上妻　制作のレベルに関して言うと、僕は一〇〇パーセント確信しているので、今言ったように、「空」を受けいれて制作を回すのが、基本的な議論の筋なんですよ。でも、そういう話をした時に、「とはいえ、物ってあるじゃん」と反論してくる人がいる。

落合　「そんなものはないよ！」って僕はいつも言っていますけどね（笑）。「純朴に『物がある』とかいってる人は、今、その問題を考え続ける理物の先生に全員あやまれ！」とかよく言ってて（笑）。真面目に理論物理学者がここ三〇年ぐらい研究しているのに、まず「解像度の枠組みから、君は感覚器から離れられていない」と思います。

上妻　そういう議論の仕方なのか。おもしろいな。

清水　感覚できないけど、あるっていうことなんだよね。一休が悟りを開いたときのエピソードが好きだったりするわけだから。

落合　僕の心持ちとしては、物というものを、関数だと思っているんですよね。昔は人間というものが、いわゆる物質的、心的存在に見えたんです。いまはディレイ（遅延）が発生しているただのホログラム発生器にしか見えない。それはそれでまたおもしろいな、と思っています。僕は、関数をイメージするのが難しかったんです。ホログラフィ物質というのは、ヴィジユアルのイメージから入ると映像と物質という対比関係なんです。でも関数と物質という関係は、イメージしにくいんですよ。ホログラフィのレンズをイメージしたことはあります？　もしもレンズの三次元像があったら、それはレンズとして機能すると思います？　つまり、ここに虫眼鏡のホログラフィが浮いていたとしたら、ここをこう覗くとこれは大きく見えるのか？　ということです。僕は、この議論を一昨年からやっていて、これも「魔術化だ」と言っているんです。つまり、ハードウェアそのものをホログラフィでどのようにして空間に作るのか、というのがキーワードなんです。先ほどフェーズドアレイを光で作ると言っていたのは、まさしくそれなんです。「ピクシーダスト」というのは超音波を出せる装置なんです。「超音波を出せる装置を空間にホログラフィで作ったら、それは超音波を出せる装置として実体はないけど機能するか？」と言ったら、「しました」というプロジェクトもありうる。

じつはもう一つやっているプロジェクトがあるんです。空間にレンズをつくるというものです。そのレンズでVRゴーグルを作る。それは、ないんだけどあるんです。見た目には浮いているんですよ。空間上に浮いているそのレンズは、レンズとして機能するんです。人間がハードウェアと向かいあうということは何なのか。それは演算可能だし、実装可能なんです。「君の目のなかに今からレンズを作ってあげます」と言って、ピッとスイッチを入れると、そこに投影系ができる。被っていないのにVRの世界です。うちのラボでは、こういったこともやっています。「メタマテリアル・ホログラフィ」とか呼んでいるんですけど、コンピュータグラフィクスは、今その辺がおもしろい。体感すると衝撃的ですよ。

上妻　体感できるんですか（笑）。僕が筑波大学にまで行けば体験させてもらえるとしたら……。

落合　まだそれほど長い距離は飛ばせないですけど、可能です。「エアーマウンテッド・ディスプレイ」。この鏡の前に行くと、ここにレンズが浮いています、と。そして、このレンズに眼球を突っ込むと、ＶＲゴーグルかけてないのにいきなり大きい絵が見えます、と。これのポイントは、ここにレンズがないじゃないですか。レンズのレンズ像みたいなものを、空間に作る。そうすると、これはレンズとして機能するので、なにもかけなくてもＶＲになるんです。なにもかけなくても視野角九〇度の映像が見えてくる。

これよりも先ほどの音のプロジェクトのほうがすごいんです。一回感覚器の外にシャフトしてから、機能として戻してくるというのは、人間にとってほぼ魔術化と同義なんです。人間は、超音波以下の音しか聞こえないし、赤外光以下、紫外光以上の波長の光しか見えないんです。その向こう側でファンクションをいじって、そのいじったファンクションの結果だけを、ここにボーンともってきたらなんて想像もつかないでしょう。だって人間にとってうかがい知れない領域、しかも実空間に存在する物体を使って、空中に装置を組み上げているんですから。

「それはたまらない」となります。

上妻　なるほどね。それは重要ですよね。それを経験すると、かなり……。

落合　インパルス応答[30]というのは、全波長を含むとよく言うんですね。ほかにもホワイトノイズ[31]は全周波数が乗っているとか、逆に宇宙背景放射[32]は宇宙がはじまってからのすべてを含んでいるとか、いろんなことが言われているじゃないですか。このなかでインパルスは、全成分がそこに含まれるから、全周波数成分が含まれていると考えることができるんです。そのインパルスを「重ね合わせたら、特定の成分が取り出せるんじゃないか？」「そりゃできるだろう、実装してみよう」みたいな。空間に点という概念があったとしたら、時空間における点というのは、そもそも時空間における全体と同様に考えられるし、フィルタリングできる。

清水　構成的とか「多の一」とか言う話を先にしてたけど……それを先回りして、超えたものを作ってしまうという話……。

落合　先ほどの西田的価値観からいうと、「一と多」の「一」というのを点まで分解すると、点のなかに多が含まれていたんだ、ということです。まあ、大学でやる数学の話ですのでそんなに大げさではないですけど。

逆に言うと、全体というのも点と等しい構成成分によって成り立っているから、点と点の足し算で全体を作る、全体と全体の引き算で点を作るという実装をしたら、テンションが一気に上がった、というのが、近頃の僕の理系的興奮です（笑）。

清水　ところで、カントが物自体を切り離して、現象は認識主体が構成できるものにしてしまったというようなことを、メイヤスーは批判するわけだけれど、あれってやっぱりライプニッツをカントが誤読してるところから始まってると思うんだよね。きょう最初にもちょっと触れたけど、ライプニッツによると、事物について人間はセノグラフィー、つまり投影図的なものしか知り得ないが、神はイコノグラフィー、平面分解図をもっているという。イコノグラフィーをもっていると、何ですごいのか一見わからないんだけど、それが神の卓越性だという。このイコノグラフィーは設計図なんですよ。結局、神は物を作れる、創造するから、人間が知でいくら追いつこうとしても、それを超えているって話だったんだ。その神の卓越性と、人間の知の隔絶が、カントの頃にはいつの間にか人間の知と物自体の隔絶っていう話に変わっちゃったんですね。

落合　たしかに、そうかもしれませんね。

清水　それがメイヤスーの言う相関主義の始まりだと思うんだけど、今の話を聞いていると、そういうイコノグラフィーを人類はすでにもちつつあるというか、実質的に作りつつあるんだよ。そこではもう、相関性や二元性というものが超えられてきている。

落合　子供と認知症の老人が同じプリインストールのアルゴリズムで見ている、という話にきわめて近くて、点に全体が含まれていれば、全体が経由して点に戻ることもある、というようなことですね。その発想からすれば全体が全体を引き算して点を生みだして、点と点を足し算して全体を生みだすような方法というのは、数式の上では可能なんです。自然言語の世界ではたぶん不能なんですよ。

清水　ホーリズム的じゃない全体っていうものがあるとしたら、おそらくそういうものだよな。

落合　インパルスやホワイトノイズのような多重化は、言葉では表現できないですからね。以前、その話を大栗先生としたんです。「大栗先生は何語で考えますか？」と聞いたら、『数式』で考えることが多いね」と言うんですよ。イメージを式で考えて、伝えあうことが多いそうです。たしかに大栗先生のように神がかって数学的ではないですが、僕らのラボでも、周波数空間と実空間の方法に展開してから、解像度に落として、それに稠密に近い言葉を探す、といったプロセスでものを考えています。だから、言葉はあまり気にしたことがない。でも、言葉による表現はとても好きですよ。言葉に対応する数式はあるけど、数式に対応する言葉は少ない。適切な言葉が存在しない数式はたくさんある。だけど、プログラムは対応できるかもしれない。自然言語はプログラム言語に対して定義が弱い。脆弱だけどその曖昧さをもっているからこそいい、という話もあるんですけど、自然言語だけが曖昧さをもっているわけではなくて、プログラム言語でも曖昧さは確率で定義できるんです。その「感覚」みたいなものはあるわけです。

上妻　なるほどね。

清水　それを、しかしちゃんと見せることは出来るってことだよね。

落合　自然言語は限界がある。と思います。テクノロジーじゃないと無理かもしれない。言葉には表せない概念みたいなものがあると思います。人間は目で偏光を見られないじゃないですか。変な波長とかも聞こえないし、色概念みたいなものがない世界もある。そうしたことが溜まりに溜まっていくと、言葉ではあらわせないけど実装はできるとか、実装はされているけれど言葉では表現できない、みたいなものがあって。そこがすごく原理的であると思うんですよね。

清水　落合くんが《原理のゲーム》というときの《原理》。

落合　そこまで高解像度の《原理のゲーム》は滅多にできないです。ただ、その原理が出てきたときに、それをどうやって「哲学」で理解するのかは、結構むずかしい。言葉で理解し得ないから。そういうときはどうするんだろう、と僕はいつも思います。

清水　だから、科学やメディアアートでそれを考えるのと、仏教みたいに不立文字みたいになっちゃうとかいろいろ方法はあるけど、僕は一応、哲学的に言語化しようと思うし、それは可能だと思うんだよね。それを今、ごちゃごちゃ試行錯誤して体系化しようとしている……。

落合　「部分かつ全体である状態というのは存在するよね」というのは、数学やってると当たり前に出てくるけど。

清水　だから、一言でいうとモナドなんだよ。

落合　そうなんですよ！

清水　落合くんも「モナドロジー」って作品作ってたじゃないですか。

落合　モナドをもし定義するとしたら、インパルスだと思うんです。そして、インパルスのスペクトラムというのは、モナドなんです。

上妻　なるほどね。非常におもしろい。

M－6とモサド

落合　僕らが聴こえるオーディブルなものを、一回超音波に射出すると、AM・FMに変調するとかあるじゃないですか。これは厳密に定義すると、ここの一つ前の波との差分を、振幅で出したり、あるいは周波数で出したりすると復元されるんです。これがいわゆるラジオのAM・FM変調のようなものですね。可視範囲を数式に定義することもできて、人間の耳に聴こえないオーダーまで下げてしまう方法もおそらくある。こういったことをいろんな人がいろいろと考えてきたんです。ビームを集める、このビームを傾ける、波面を曲げてこうやってビームを作るとかあったんです。僕らの「ホログラフィックウィスパー」は、空間にある音響焦点だけが、耳に聴こえるような強度分布を出すことは計算上は可能だからおそらく作れるだろう、と考えて、実際に作ってみたところ、「はい、出来ました!」ということなんです。こういうことは言語では表現しにくい。

清水　あらかじめ、何にも言われないで、歩いていて突然ありえない音が耳に聴こえてきたら、驚くよね。気が狂ったのかって思ってしまう。

落合　僕がいたずらすることもできるんです。ある山にカッコーの声がするこのスピーカーを置く。そこを通りかかった人には、カッコーの声はするけど、姿は見えない。そこにカッコーが居るのか居ないのかは、もはや判別不能です、デジタルネイチャーにおいては。それは、誰かがスピーカーを置いたかも知れない。自分の耳でいま聴いたという事実は、ほぼほぼ意味がないわけです。空間にスピーカーが置いてあるのかもしれない。

清水　小学生ぐらいの頃、空想で、外傷なく人を殺せないかなと思って……レーザーを複数当てて焦点の合う脳の中だけ焼き切っちゃうとか、落合くん、やろうと思えば出来ますよね。

落合　できますね。だから最近は、国防や防犯にも興味があります(笑)。

上妻　それは、何か、金正恩とか……。

落合　金正恩には、あまり興味はないんですけど、暴徒があちら側の空間に行きたがっても行かせない、ということはできるかもしれない。海外でビームの実例はあるから。ポジティヴな例だと、鳥が飛行機に衝突するといったバードストライクを未然に防いだり、ヒグマに里山からいなくなってもらうとかはできるかもしれない。人間の感覚器の外の波動を感受できる生物を、駆逐することは可能かもしれない。

人間を破壊することも可能といえば可能なんです。だから慎重になる必要がある。たぶん今後の通常兵器は、人間が感知できないオーダーから飛んでくると思う。つまり、弾が飛んできて身体に当たって死ぬ、というのは今、理解可能なんです。弾丸は、スローモーションで見ようと思えば見えるんです。だけど、人間の感覚器のレンジの外の物性というのは、僕らには見えないですからね。可視化はできるけど、見えない。だから理解もできないかもしれない。

清水　怖いな。

上妻　でも、そうなっていくでしょうね。

落合　そうなるでしょうね。僕がイメージできるぐらいだから。

このままザンガレン・シンポジウムに行ったときに、偉い方が誘ってくれる少人数のお喋り会があって、そこに僕も誘われて行ったんです。僕が誰に誘われたかというと、ＭＩ６の元長官（笑）。「たしかにここに集まってる人間のなかで、僕が一番軍事研究みたいなことをやっているもんな」と思いましたね。

清水 それは、お父さんの関係じゃなくて？　でも、子供のころはお父さんの友達のモサドとかしょっちゅう家に出入りしてたんだよね……（笑）。

落合 ええ。イスラエル諜報機関の「モサド」の人が、たまに僕の家にいましたからね（笑）。本当に雰囲気ヤバい人たちなので、とても恐かったですよ。

清水 それはどういうふうに……？

落合 なんて言ったらいいかな……。笑いどころが普通の人と違ってて生物的に怖い（一同爆笑）。

人類はマトリックスを手に入れる

上妻 きょうは結構重要な話がいっぱい出て来たなー。

落合 人間には「匂い」がないから、マトリックス（外在的にデータ化した自然）がない、ということだと思ってください。マトリックスはほかの生物には知覚可能なものの場合が多い。

彼らにとっては、宇宙は内と外のマトリックスなんです。情報と物質が、彼らにとってつねに相転移可能なんです。でも、人間は波でしか物を見ていないから、意外にも相転移不能かもしれない。これは、人間にとっての弱点。けれどもインターネットができて、ようやく人間も彼らの地平に立ったんですね。僕らも深海魚たちと意思疎通をはかれるかもしれない。あと一億年ぐらいしたら、インターネットに同一化した電子・電気・波動的生物になって、意味のある主体はもはやないかもしれない。

清水　だんだん、われわれのリアルな環境がそうなってくる感じはありますよね。タルドは、人間はアイディアもそうだけど、感情も全部、よそからもって来るんだと言っている……。

落合　Twitterを見ているとあきらかにそうですね。ｂｏｔみたいな人もいる。われわれはイカや、サバの集まりみたいになっている。

清水　他人の感情にすぐ感染するんだよね。

落合　本当に、エモを研ぎすますしかない。

上妻　コミュニケーションの定義とかも、ものすごく狭かったってことですよね。意味交換だけでコミュニケーションされてた時代っていうのは、もう、ほぼほぼ終わるっちゃ終わる。まあ、気づいてた人は二〇世紀から気づいてはいるわけですけど……。

清水　二一世紀から先はどうなるのかな、本当に……。

上妻　おもしろい時代ですよ。

落合　動物化するポストモダン。

清水　全然別の方法論なんだけど。

落合　そうそう。「とりあえず散歩に行って、電柱を嗅ごう」みたいな。寺山修司の『書を捨てよ、町へ出よう』ではなく、「散歩に出て、電柱を嗅ごう！」いや、「クマを撃とう！」か。

清水　観光はしようって言ってるけど。

落合　「観光だと思うじゃん」みたいな。「世界は君自身なんだよ」とか言うとヒッピーみたいな人になる。でも、ホログラフィ的なんですよね。いや、違う。ホログラフィが世界であるという捉え方が、そもそもすごく波動的なんですよ。僕たちの知覚している数式以外の感覚的エモさは、その数式ではないところにあったんだなあ……。僕は、たぶん数式が好きなんだけど、その前の理解性を捨てきらないからエモいというものが好きなんだと思います。

上妻　なるほどね。

落合　ルネッサンスですよ！

上妻　そこも回転してるんですよね。数理的空間と人間的空間がフィードバックループするなかで表象空間が生成されていく……。

落合　数理的な空間から逆にエモが生じることもあるから、「うわ、やべえ」みたいなことがおこる。「超エモいぞ、このホログラフィ」みたいな。

清水　それにしても大体のことが、ジャンルが離れていても通じるね。今の話をもっと仏教的な文脈にも落とせるし……。

上妻　現代物理学でも話せるし、哲学でも話せるし、数学でも話せる。人間っていうのを近代的に定義された人間ではなくて、きょうお話しした仕方で人間を捉え直すと、犬とか深海魚も、人間とフラットな存在論で捉えられると思う。意味じゃなくてより高い解像度で、抽象度で見た瞬間に、人間と犬との差異ってほとんどなくて……。

落合　前回、ゴールドとカメムシの話をしましたよね。そのときのゴールドとカメムシというのは、分布的に近い。空間場の強度分布という話では、カメムシは匂いの強度分布、ゴールドは輝きの強度分布がある。データの相関性そのことと近い。

上妻　そういう解像度で見ることによって始めてそこの、類似性が、見出せるということですね。

落合　デジタルネイチャーになると、すべてがパラメタリゼーションされるから、すべてそういうものだ、となってくるんですね。

清水　前回、匂いの分布の話をしていたときは、最初なんだろうなと思っていたけど……。

上妻　今はもうかなり、共有された世界観になってきてる。

落合　人間にとっての音と光のインターネットが、犬にとってはすでに匂いのインターネットとして存在しているかもしれない。

清水　うん。だから、結局あれだ、匂いの記憶が下手をしたら、一〇〇年、二〇〇年という感じで蓄積されて分布していると。

落合　でもまあ、光の速度なんですよね。人間のよいところは、光の速度を知覚してるところなんです。犬は、地球の裏側の匂いは、嗅げないんですよね。あとは音が主導。だけど人間は、音と視覚を電気に変換してからオーディオ、ビジュアルにすることによって、その継続範囲はほぼ光速の範囲内に拡張した。しかし、宇宙は光速でもたどれないほど広いんですよ！　だからね、光じゃ無理ですかね。

清水　かえって、頭が悪くなったかもしれない……。拡張したせいで。

落合　トランスミッションできないんですよね。光速でたどり着けないもの以上の議論はできないんです。これね、多分ね、穴を空けるしかない……周波数空間にね……たぶんそうだろうな。

この前、ディープラーニングの研究で、ようやくフーリエ変換と神経の関係性を理解したんですよ。フーリエ変換というのは、いままで数式で解いてたんです。それをディープラーニングでフーリエ変換を解けるようにするにはどうしたらいいのか。

われわれのいま見ている世界は、視覚的ＤＣ空間です。これを同じ情報量で定義した別の空間というのが、周波数空間なんですね。われわれはこの世界として世界を見られていないんです。けれども、フーリエ変換を理解したディィープラーニングに入れたら、これが出てくるんです。

というようなことをやっているのがうちのラボです。最近、ラボでやっているテーマが高尚になってきたので、これからイノベーションがいっぱいでますよ。なぜこういうことができるようになったかと言うと、大学院生まで育ってきたから、僕の議論についてこれるようになったんです。いままでは、この抽象空間と具象空間のあいだの数式が解けなかったんですけど、いまは二〇人ぐらいが解けるようになってきた。

清水　一昨年の暮れぐらいから、僕はチェックしてたんですよ、落合陽一という人を。でもその、半年後ぐらいからかな。注目のされ方が大分変わってきていて、すごいなと思っている。

落合　でも、正しく理解されることは少ないでしょうけどね。

上妻　そうですよね。

落合　結構テクノロジー的に画期的なことをやっているとは思うんですけどね。それを通り越すともう誰もわからない、ということですかね。英語だけで日本語で論文を書かないからな……。それに、アウトプット量を追いかけきれない。

第3章

現象to現象の世界へ

交錯するパースペクティヴ

――新宿の喫茶店に、やや遅れて落合が到着。清水、上妻とテーブルを囲む。

落合　どうも。仏教についても話をしたいんですよね。華厳の事事無礙法界《じじむげほっかい》とか、ああいう近代以前の東洋の思想を深堀りしたい。なので、デジタルネイチャーと事事無礙っていうテーマでも、じっくり話をしておきたいなあ、と思って。

上妻　僕は、インターフェイスの話から始めてもいいんじゃないかと思うんですよね。

清水　そうだなぁ。手始めに何から話そうか……。

落合　あ、そうだ。松尾芭蕉の「古池や蛙飛びこむ水の音」とか、「閑さや岩にしみ入る蝉の声」のような世界観についても話そうと思っていたんですよ。この句って、人間がいるようで全然いないいんですよね。誰もいない。「岩」とか「池」とかだけ。

僕は、『サピエンス全史』のユヴァル・ノア・ハラリさんは、今度は『魔法の世紀』のような本を書くんだろうな、と思ったんです。人類についてはもう書いたから。そうしたら彼の最新の著作は、『ホモ・デウス *Homo Deus*』だっていうんですよ。「超人へ」ということです。僕らが「デジタルネイチャー」と呼んでいるのも、脱人間社会のことなんですよね。「社会」という言葉自体が、人間を規定しているから、人間のメタ化の話、つまるところ「社会がなく自然になる」みたいな、ベイトソン[1]的な話なんですが……。

清水　社会っていうことで言うと、僕は最近、客観性っていう言葉がすごく嫌いになってきたんだよね。フランス語だとObjectivitéっていう言葉がずっと客観性と訳されていて、今でも辞書見るとそれしか出てこないんだけれど、向こうの哲学書とかを見るともう明らかに違う意味で使っているのが多い。対象性としか訳しようのないニュアンスで、物についてその言葉を使っている。それも、ある独立した存在としての対象についてそれを使っている気がするんだよね。前回、Objectivation 対象化、内部から外部へ、という話をしたけど、それがなし遂げられたところに出てくるObjectivité。辞書に書いてある客観性っていうのは、主観をいっぱい集めていって、人間が作っていく社会的なものという意味でしかない。

落合　「オブジェクティヴィテ Objectivité」を「事事無礙」と訳すということですか？

清水　主観がいっぱい集まるんじゃなくて、Objectivitéが集まってお互いに妨げ合わないのが事事無礙ってとこかな。

落合　なるほど、それはそうかもしれませんね。

清水　芭蕉といえば、俳句じたいパースペクティヴの深い交錯を描いているって言うのはあると思うね。俳句をそのまま見てもすぐにはわからないんだけど、英訳されたものを読むと意外にその着想にドキッとすることがある。昔の大阪の俳人に小西来山[2]っていうのがいて、「春雨や　降るともしらず　牛の目に」っていう句があるんだよね。ドナルド・キーンがそれを英訳していて、The Spring rain... reflected in the ox's eyes unaware it falls. っていうんだよ。いいでしょう？（笑）この相互入れ子構造。まったく人間主体なんてものがない世界。全然違うもののパースペクティヴの交錯で作品が出来あがっている。春雨の中に牛もいるし、牛の中に春雨もあるんだけれど、牛自体がもう、認知するとかどうとかを超えているし、雨が降っているのに気づいていないのが牛なのかどうかももはやはっきりしない。だけどこの相互包摂のスケールフリー性において、すでに雨も牛も一体化してしまっているっていう……。この俳句、ちょっとエリー・デューリングが好きそうだな。彼はいろんなパースペクティヴを複合した浮世絵の遊び心なんかも好きだよね。

上妻　だからこそObjectivitéを表現する時に、近代的な考え方だと、すぐに第三項に行くんですよね。AとBがあったときに、すぐにCからの視点に行くわけです。客観という視点。でも実際は第三の視点にたどり着くにはすこし考える必要があって、たとえば、砂糖が甘いっていう性質を取り出すときには、人間の舌と砂糖が接触する必要がある。そこで初めて砂糖に甘いという形容詞を付与するわけです。でも、砂糖そのものに甘いという本質があるわけではない。事実、砂糖の分子構造をいくら調べても甘いという性質は見つからない。砂糖とわれわれの脳との関係によって甘いという性質が生じている。AとBの間のインターフェイスにこそ甘いという性質は宿っている。砂糖そのものに甘いという性質が内在しているというふうに考える人は無意識のうちに人間的な視点を一度折り返しているというわけです。

図 3-1　「ねじ式」の 1 コマ（左）と元ネタの実在する風景（右）

清水　人間のフェーズに一方的にものを落としている感じだね。

落合　そうそう。昨日、いいツイートがあったので、リツイートしたんですよ。これこれ、「ちくしょう　目医者ばかりではないか」っていう、つげ義春の「ねじ式」っていうすごいシュールな漫画の有名な一コマなんだけど、元ネタが台湾に実在していて写真もあるらしいです（図3－1）。

清水　これちょっと前に僕も見たんだけど、たしかに実在するらしいね。

落合　これは要するに、人間の網膜に「社会」を投映するということをやっているから、環境の側に身体をマッピングするとこうなるということですよね。つまり、砂糖は甘いのではなく、口に入れるものすべてに舌をくっつけていく作業をしている。人間の網膜や舌の感覚を、さまざまな対象に内在する性質だという風に押しつけている。こんな風にそこらじゅう目ばっかりになってるわけなんです。

上妻　それを結局、ある種、人間中心主義を脱するといったときに、僕が重要だと思っているのは、視点を交換できるかどうかということです。砂糖が甘いという性質をもつというときに、砂糖が甘いんだってとらえるんじゃなくて、人間の視点からとらえたときにこの砂糖という物質は僕の脳と甘いという関係性をもつと考えられるかどうか。そこで初めて砂糖から見た人間を考えることができるようになるわけです。西洋近代の価値観だと、大人になることは去勢されることで、大人になること、つまり全能感を捨て、自分の限界を感じて社会的な役割みたいなものを獲得していくプロセスを経ることを大人になることと考えている。でも、ヴィヴェイロス・デ・カストロによると、アマゾンのある部族において、大人になることは、敵の視点から自分を見ることができるようになることを意味している。敵の目から見た自分を見れるようになることは、再度その視点を折り返して、敵を理解し、殺すことができるようになることを意味しています。獲物を狩れてようやく一人前の大人なんです。そのためには、まずは敵から見たおのれを知らなければならない。

清水　前回も話題になったけど、人類学ではパースペクティヴィズムというものがなにかと注目されているんだ。エドゥアルド・コーン[3]という人がいて、『森は考える』っていう本を書いている。それはC・S・パースの記号論を、動物のパースペクティヴというものの解釈に導入したもので、すごく刺激的だったな。パースの記号論やプラグマティズムは、ウィリアム・ジェイムズのプラグマティズムとは似ていながら異なっていて、着想自体は彼のほうが古いんだけど、ジェイムズが経験一元論を主張したのに対し、世界そのものが記号過程だ、思考の過程なんだという考え方をした人なんだよね。ジェイムズの立場からしても、あらゆる経験が、後の経験と連接したりするなかで、主体や対象の役割を割り振られているだけなんだから、世界に起こる出来事すべてが思考の過程なんだという考え方も、もちろんあるわけだ。

パースによれば、イコン、インデックス、シンボルという三つの極を通じて推論は行われるというんだよね。たとえばいろいろな人間がいるのを、ピクトグラムみたいに、だいたいこういう形をしてますねっていう、普遍的な形に落とす。こういうのも、一つの記号的思考なんだけれど、この場合の記号をイコンっていう。で、これはまあ、普遍のなかに具体物を落としておくっていう、物を記号に落とすって感じなんだけれど、ある種一方的な、垂直の包摂関係でもある。人間なら必然的にこんな格好をしているだろうとか、そういう判断。でも偶然かも知れないけど、こういう出来事とこういう出来事がいっしょによくあるよねという、いわば横の関係もある。あるイコンとあるイコンが、お約束のようにワンセットで成立する。こうした事態をまとめて捉える思考を、パースはインデックスと呼んでいるんだ。それはそれで記号的思考だと考えるわけです。で、こうしたパターンを使って、今度は逆に、世界の別の物に対して、それを応用的に当てはめていくとする。これが、シンボル的思考と呼ばれるもので、その三種の記号を駆使しながら、人間は応用の利くような推論をしているというんだ。エドゥアルド・コーンがおもしろいのは、動物もインデックスまでの思考はするし、生きるために駆使しているというんだね。自分は絶対に次はこういう行動をとるぞ、という擬態をしたり、お互いにそういう振る舞いをして欺《あざむ》き合い、それが生の技法になっている。

もっとも、僕は動物もシンボル的思考まで使っていると思うんだけれど、インデックスのなかにイコンが複数入っているように、記号のなかに記号が入っている。ということは、生物はお互いがお互いにとって記号として成立しあっていて、そのなかでパースペクティヴの競合、吸収しあいというのがある。それが騙し合いみたいにあるし、ある種お互いに納得しあっているようなところもある。特に狩猟民族とかはまさに、そんな世界にいる。自分と違うパースペクティヴがある、そういうものが複数折り重なって、しかも別々に独立して生きているのが世界だったり、「森」だったりする。違うパースペクティヴを知り尽くして、ぎりぎりまで利用できないとよい狩人にはなれない。

上妻　そうでないと大人になったと認められないんですよね。それは別にアマゾンの人たちだけじゃなくて、先ほどの砂糖の話で考えるとわれわれにも身近な話だと思います。何かを自律的に考えるのではなく、それは人間との関係性のなかで生じている性質だということを一度受け入れること。ＡとＢがあるときに、Ａから見たＢの性質であることを考えること、そうすることでＢから見たＡの性質は、また異なる性質であろうと捉えることができる。こういう些細な思考の転換で、人間中心主義じゃない、記号交換だったり、視点の交換が生じる世界観、世界の捉え方ができる。

波動、知能、物質

落合　うちのラボでは「人間と機械」という話をやめよう、とよく言ってます。「世の中を波動と知能と物質で相互システムを考える」と。ラボ内で明文化し、これでものを捉えてください、ということにしています。インタラクションは、「知能」と「物質」と「波動」に分解可能なので……。

清水　その波動って言うのはたとえば……。

落合　光、音などの波です。物質と物質のあいだに生じる波と、そこにかかわる知能と物質でしかものを捉えていません。つまり、人間による観測というと、出入力と処理系が不明なので、物質と知能と波動で捉えれば、ブラックボックスが生じない。視点の交換というと、中身が見えないじゃないですか。でも、そういうことじゃないんです。波動と物質と知能でとらえれば、問題と問題は、パイプラインを作れば解ける、とよく言っています。

清水　前回、物は存在するのかという話をしてたよね。あのときいわゆる「物」ということで言ってたのは、現象を引き起こすもとに物がなっている、そういうアトム的な構成素みたいなものがあるという漠然とした思い込みの中での「物」だった。ここで言っているのは、コンピューテーショナリーで計算可能な波動と、もはや区別がつかなくなるものとしての「物質」ですね。これらはみんな地続きであって、「物質」もその折り返し点のようなものである、と。なんだかさっきの事事無礙の問題につながるみたいだね。

落合　そうそう、事事無礙の話ととても似ている。つまり間にある感覚的なものを排すると、波動と知能と物質は、コンピュータ上では数式で書けるんですよ。波動はホログラムで書けるし、知能もある程度は関数とテンソルで書けるし、物質は物性とテンソルで書ける。この関係性はおもしろいです。ホログラムで出てくる話なんですけれど、物質があったときに、この物質に波動を当てます、と。当たった波動が、ここにたとえばセンサーがついていたら、このセンサーでここに立方体があるよ、と感じるのが人間の網膜だとします。でも、ここのセンサーの話は一回切り離します。そうすると、ここの波動というのはこの形をしている波動が返って、こっちから当てた波動はまだ情報をもってない。その後情報に演算された波動が返ってくる。このとらえ方はコンピュータサイエンスでは一般的だと思います。そして、物質側が、たとえば時間遅れで変形したり、物質というフィルターを違うフィルターに変えるような、時空間フィルターとして記述されるとする、そういった入出力の総体を知能と呼んでいるんです。そうすると、あらゆるやりとりはシンプルに、物性を切り離して情報で定義できる。なので、物的に世界をとらえると楽だなと思っています。近頃はこの考え方をもとにした研究ばかりやっているんですよ。つまり僕が言いたいのは、こう光が入ってきて、跳ね返すための位相差や波形を作ってやった場合、その演算に対応する情報処理、たとえばディープラーニングでどう記述できるのか、ということです。そうすると、他の要素が介在する余地がなく、相互記述のモデルを増やしていくだけで、それだけ可能性が広がる。こういう研究を「デジタルネイチャー研」でもひたすらやってるんです。

清水　それって知能っていうか、生命の定義なのかも知れないね。ミシェル・セールが『干渉』っていう本を一九六八年に書いていて、これは博士論文の副論文で実際に出版されたのは七二年なんだけれど、そのなかで、一七世紀から一九世紀までの物理とか自然科学っていうのは、光と音と熱と磁気と電気を扱う方法を鍛えていったもので、媒質の中をそれらが伝播する、それこそ波動とか流れ去って行く波みたいなモデルで世界をとらえていて、いわば液体的だったと言うんだね。その前は、天体が規則正しく回転していくみたいな、循環するものとして時間をわれわれはとらえがちだったけれど、熱力学的な不可逆の時間という観念もその頃生まれた。これは、いま落合くんが言ったような跳ね返ってくる現象以前の、もっと単線的なもの。物自体から離れて、伝播の過程を扱うようになったんだけど、その頃哲学で起こったことと結構同じでもある。この頃の科学には、「第一に存在するのは通過という機能であって、対象は二次的なものにとどまっている」っていう傾向があった、とセールも書いているね。

少し話は変わるけど、最近僕は一七世紀の科学者ホイヘンスにちょっと興味があるんだよね。ライプニッツに数学を教えた人。彼は光の波動説とか、普遍的な媒質としてエーテルというものがあるんじゃないかとか、いろんなことを言いだした人だよね。ホイヘンスって、そもそも天体観測がしたかった人で、正確な観測のために振り子時計を発明した。この頃は、循環・反復する時間とか、天体というモデルで明らかに考えている。その後さらに空気望遠鏡を発明してみたりとか、発明と発見、発明と発見を繰り返してやっていて、それこそ前回話していた、エジソンはメディアアーティストという話じゃないけれども、タイプとしてはそういう人だった。その彼が、波動と伝播のパラダイムにもまたがっているのがおもしろいなと。で、このパラダイムは一九世紀に隆盛をむかえるわけだけど、二〇世紀になっても哲学のエピステモロジーはずっとそれをひきずっていた。その頃の哲学のホーリズム的構造とも親和性が高いからね。しかし『干渉』でセールは、この波のような液体的モデルは古くて、これからは固体↕固体的な段階にいかないといけないと言った。これは科学の対象へのアプローチの問題でもあるんだけど、波動の段階は主体↕対象の段階だ、って言うんだよ。伝播とか、プロセス自体が重視されている。その前には主体↕主体の段階っていうのがあって、これはデカルトの幾何学みたいなパラダイム。主体が明晰判明に理解したものを順に鎖の環のように繋げていくもの。それで最後に来るのは、対角線を通って、ここにちょっと図があるんだけれど（図3－2）、主体をもはや外してしまった、対象↕対象の段階だって言うんだよ。これはさっきの物質の話みたいに、跳ね返り合いみたいなモデルで、だから固体と固体的な段階でもある。

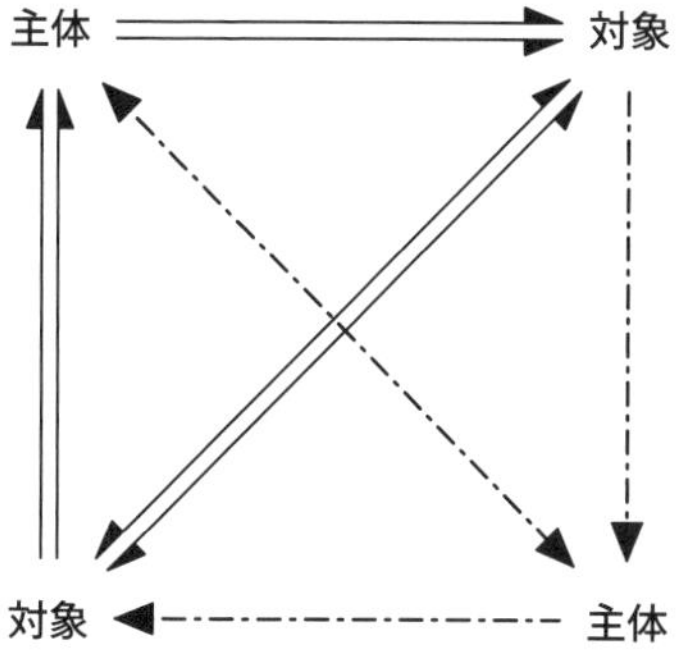

図 3-2

落合　それ、事事無礙じゃないですか。

清水　そう。まさに事事無礙なんだよ。さっきからずっと話題に出ているけど、あらためて説明しておくと華厳仏教に四法界説《しほっかいせつ》というのがあって、これは悟りにいたる四段階を表したものなんだけど、精神的な状態というよりは世界がそのように現れてくる、というあり方を語ったものなんだよね。最初に事法界《じほっかい》というのがあって、これはまず素朴にいろいろな物事や事物で満ちた世界。ドイツ語でいうSache（ザッへ、事物、事柄、実物）の世界があるとされる。次に理法界《りほっかい》というのが来るんだけど、これは最初に出た「事」が、すべて相互の関係、縁によって成り立っているという世界観。これは、さっきの波動の話とも近いように思うね。三番目が、理事無礙法界《りじむげほっかい》で、「理」つまり関係も、「事」つまり事物も、お互いがあるから成立しているという、ある種相関主義的でもあるような相互生成パラダイムだね。さっきの主体↕対象の段階とも似ている。ただこれは、まだ単線的というか、一つの大きな↕のなかでの相互生成というか、関係（縁）と非関係（事）の弁証法になっている。つまり事と理が背反的なんだよね。事と理の背反的な相互生成がベースになっているから、事は実際には切り離されて抽象化しちゃってる。メイヤスー風にいえば、祖先以前的な事物みたいに、相関的なプロセスの外部に行っちゃってる。事の具体的な多様性がわからないし、そこから出発していない。

そこで最後に、事事無礙法界《じじむげほっかい》という段階が来る。これは事と事の相互包摂、相互生成なんだけど、すでに理が回路から外れている。というか、むしろ理を含んだ事どうしが相互包摂、相互生成するというもので、対象↕対象の段階。前回も出てきた一即多の重々無尽の世界ですね。以前セールと会ったときにも、僕はこんな話をしてましたよ。

落合　うん、本当にそういう認識で僕は情報のやりとりや、世界のしくみと向かいあっていると思いますよ。

清水　ほんとにそう。

落合　今のピクセルからピクセルへの end to end 変換というのは、まさにそういった Object と Object の関係性を中身なしでとらえるものですからね。

清水　単に複数の波動がぶつかるところに物の位相があるっていうか……。

落合　波動の位相と強度は記述可能で、波動か物質かというのは、ある波動を観測する観測者からするとどちらでもいいんです。

清水　なるほど、どっちでもいいと。

落合　物質があるかないかは波動で検出していれば、そういうような波動が返ってくればそれは物質だと情報としてわかるということだけ。センサーのようなもので観測しているとしたら、本質的にはそれが物質というものかどうかに意味はないんです。物質を直接融合する、たとえば「ご飯を食べる」みたいなこと。これは、物質と物質が影響しあっています。時間結晶と空間結晶――先日、時間結晶を僕の学部のときの師匠がようやく生成したようなんです。「ネイチャー」に載ってました――、つまり、空間的再帰構造があるものと、時間的再帰構造があるものというのが、世の中の世界認識としてあたりまえになっていくと思います。あらゆるものを起点として空間と時間を考えるみたいなもの。だから、これは物質なので時間方向に波的性質はもっていないんですとか、波は、物質と違って時間方向の変化量をとらえるものなんですみたいなとらえ方。変化で記述可能な関係性を、日頃僕らは目で見ているわけです。この波動が入ってきたときに、知能と呼ばれているものは、どういう反応であるかというのが記述可能である、と。ただ、時間方向に記述された波動や物質の振る舞いや状態というのがあって、これがある種「時定数」と、空間方向と時間方向にかかってるっていう記述があるとすると、波動と物質に情報をデジタル上のデータとしてオーバーラップできるようになったのが大きいんです。その情報と呼ばれているのが、細かい時定数に関する細かいフィルターの集まりである、というのが僕らのラボで人間を考えるときの方法論です。

清水　さっき知能って言っていたのは、情報でいいんですね。

落合　情報と情報の関係性、それも情報ですね。情報のことです。

清水　情報、波動、物質ってことか……。

落合　情報、波動、物質。情報というのは、波動を検出したり、物質を分解したりしないと出てこない。でもそれだけではなくて、それを時間方向やメタ方向、フレーム方向にインクルードされた情報の変化というのを知能と呼んでいます。

上妻　変換関数のことを、知能、情報と呼んでいて……？

落合　波と物という関係性をメタに表現したもの、つまりそういった情報に落としこまれた後の関数同士の関係性。

ReverseCAVEとグレアム・ハーマン

清水　そうすると、知能とか関数とか、いかにも「理」っていう感じだな……。少し話は変わるけど、『魔法の世紀』を読んでいたときに、ヴァーチャル・リアリティの始祖でSkechpadを発明した、アイバン・サザランドの話があった。あれすごく重要だと思ったんだよ。サザランドは、理想のディスプレイは、物質をマニピュレートできる部屋だと言っていたんだよね。

落合　そうそう、物質を自由に表現できる部屋というのがあって……。

清水　これがすごく大事なんだろうなと思って。ところでこの前落合くん、ReverseCAVE（図3－3）って作品を作ってたよね？　ヴァーチャル・リアリティの像をVRゴーグルで見ていて、それをさらに第三者が外から眺められるという作品。あれってたとえば、今のサザランドの思想とかを意識したの？

落合　サザランドは、人間の感覚器を覆った究極のディスプレイがあったら、それでいいん

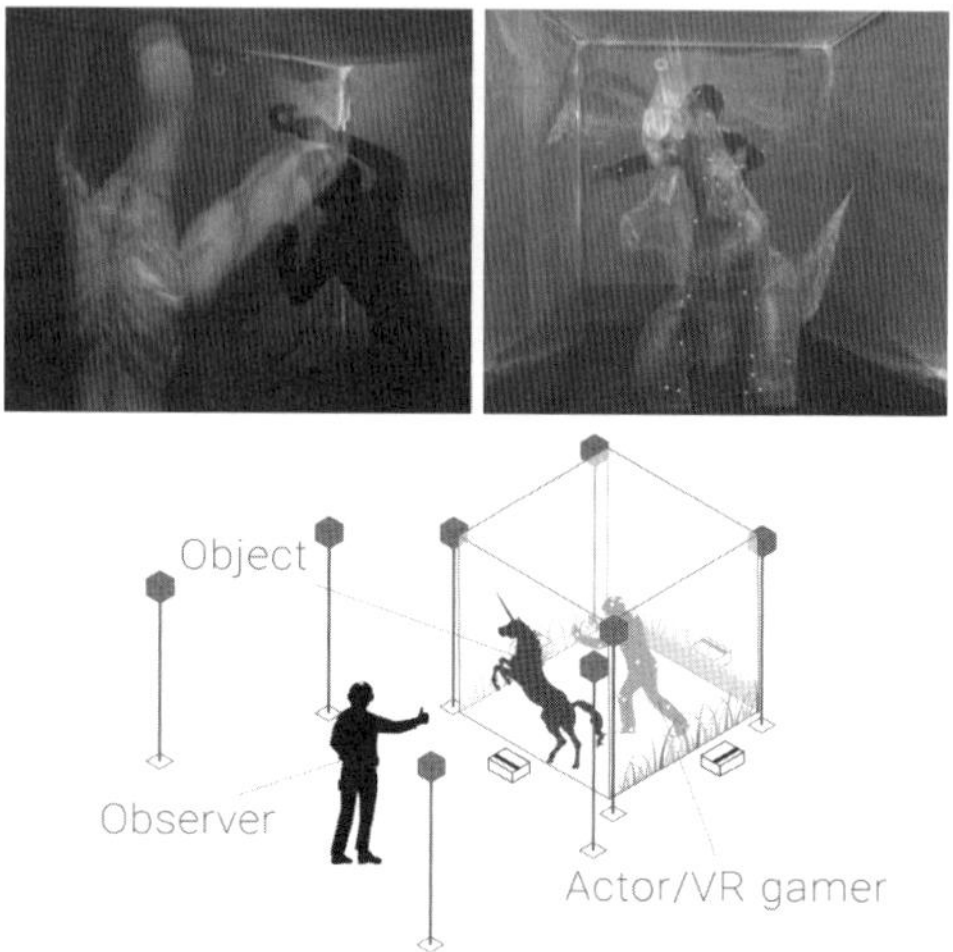

図 3-3　《ReverseCAVE》2017 年

じゃないか、という考え方にのちに移行するんです。部屋ではあるんだけれど、空間的な広がりをもっている必要はなくて、目や耳を覆って波動さえ出ていれば、そういう世界に行けるんじゃないか、と考えていたんです。それによって個別化されて、圧縮された世界を、もう一回枠組みの外へ出してやる。全員でその枠組みを見ているような感じです。構造が入れ子にできるんですね。誰かにとっての究極のディスプレイというものがあったときに、それを入れ子で周囲から人間が見るみたいな状況というのがあったらおもしろいなと思っています。

清水　あれはおもしろいよね。外部の人間が見ていることになってるけど、なかの人も究極のディスプレイを覗いているとしたら、結局入れ子になっていて、内と外っていうのがまた相互包摂でもあるってことになるね。サザランドの理想が実現したら、成立する究極の世界はこういうすべてがすべてを相互に包摂しあう世界なんだと。

落合　そう、相互包摂になるんです。

清水　あれ、すごく感心したんだよね。僕は、ライプニッツのモナドロジーとか西田とか、さっきの仏教的モデルとか、昔から相互包摂構造についてはよく考えるんだけど、前世紀までの思想がいずれもホーリズム的で、これを回避するために相互包摂構造を考えないといけないという意識は、このところ世界的にも共有されてきているように思う。『なぜ世界は存在しないのか』が日本でも大ヒットしたマルクス・ガブリエルなんかもそうだよね。全体としての「世界」は存在せず、さまざまな「意味の場」が相互に包摂しあっているだけだという……。グレアム・ハーマンのオブジェクト指向哲学も、入れ子状の相互包摂を描いているところに核心があると僕は思ってる。

彼はこんな風に言うんだよ。たとえばある人間がいて、松の木があると。この場合はお互いに物として表面しかさらしていない。感覚的オブジェクトって言うんだけれど、実在としてのこの二者っていうのは、隠れた所に脱去しているって言うんだよね。その人が見たかぎりでの松の木でしかない。彼はだけど、こうした二者があるところで、第三者っていうのを出してくるんですよ。それはなぜかっていうと、脱去とは言うんだけれど、そもそも脱去自体もつかめていないわけなんですよ。主体から見た対象、対象から見た主体でしかないわけだから。いずれにせよ相関的にしかお互いを捉えていないわけ。お互いに外部にはみ出している。でも第三者がそれらを見たとき、その視点からみると、むこうで脱去しあってるものは、こっちから見た（相関的でしかない）脱去ですらないから、脱去っていうものが、リアルに内部に入る。入れ子になっているんだね。こういう形で外部と内部を相互包摂させているわけ。まさにReverseCAVE みたいに。入れ子になった時点で、物っていうのが浮かび上がってくる。むろん第三者も最後のラスボスじゃなくって、これもまた見られたりする。別に、どこまでも背後に無限後退する必要もなくて、相互性がわかればいいんだけど。

落合　曼陀羅的な感じになっていく。

清水　前回西田について話したとき、「多の一」を暫定的な「形」としてとらえ、その「形」をどんどん変じていく、そして相互入れ子を作っていく、そうやって物の世界を作っていくって話をしていたけど、そんな感じ……。

落合　そうそう、そういうイメージです。

清水　そうだよね。そうすると、ハーマンが言っていることと、アイバン・サザランドが理想としていた、非メディアコンシャスなディスプレイみたいなのって、じつは小さいところでもう一回世界をクリエイションしようとするものなんじゃないか。ＶＲとリアルを交差交換して、内部と外部の違いが意味を成さなくなるみたいにして。あるいは、こうした仕掛けによって始めてリアルが生まれてくるっていうような、そういうひっくり返しをやろうとしたんじゃないか。現時点では、コンピュータを通じて得る情報も、実際の物の一部を二次元の映像とかに落として受容しているという風に思っているし、そもそも普通に生きていても、相関的にしか対象を見られていないんだけど、むしろあえてVRを経由することで、それをまた引っくり返してやろうとしてるんじゃないか。

落合　そうです、そんなところです。

清水　メディアアート的解釈では、コンピュータのディスプレイっていうのはそういう一種のゆさぶりなんだなと。そうすると、哲学が最近になって考えようとしてることと、かなり近い。

落合　人間が見ている物というのは、波動によって対象の位置に物を作って、物と同じように感じられるようにしているだけで、センサーをはりつけた世界観のような物とかなり近いんです。このまえ、この話をチームラボの猪子寿之[4]さんと話していたんです。「猪子さんの作品って、可視光の見えない生物が見たら、なにも見えなさそうですよね」って。ようするにすべて可視光なんですよ。それだからゆえに「人の作ったアート」というフレームになる。

これは、すごく当たり前のことなんですけれど、われわれが今世界を見ているということは、網膜というセンサーがあって、この世界が網膜に映っているんです。網膜の細胞がどれだけ空間の対象物に割り当てられているかという話であって、物が見えるというのは、物理的には量子化のそれ以上でもそれ以下でもないんです。その後の「見え」については、裏に何層かフィルター処理があって、それによって物を物だと認識している。このフィルターというものと、波というものと、物というものの関係性さえ記述できれば、われわれが今世界で見ている主観みたいなものは数理的に記述可能かもしれない。それが人工知能としてさかんに研究されているポイントであり、「ホログラム」と呼ばれると、その処理に充分な波の形を与えたりする。オブジェクトになるには、人の脳の認知的処理が終ったあとでないとオブジェクトにはならない。けれども、この「オブジェクトtoオブジェクト」の世界というのは、人間の主観すら、その関係性の中に内包されている。すべて情報的なモノとモノの受け渡しであって、なにかを想起するものではない。

どこまでデジタルネイチャーを記述すべきか

上妻　なるほど。そのときの問題は、はじめにすべて記述できるかのように書いているんですけれども、結局いったんフィルターを通さないと、物が出てこないところじゃないですか。

落合　それはそのとおりで、「デジタルネイチャー」とは、マテリアルとマテリアルの end to end の表現形の内と外にデータ系がすべてある世界なので、人間が記述する前からマテリアルの関数が存在している。

上妻　それは数理的に構築した世界にあるから、初めからマテリアルが記述されたものとして存在するという？

落合　それもそうだし、今、世の中にあるものも、データとして構築されるので、それは相互補完性がある。

上妻　でも、そのときに問題になってくるのはこのフィルターを、ディープラーニングするんだけれど、人間の脳に情報が入って脳内を回ったあとにはじめて物が認識され存在することになるわけだから……。

落合　そうそう、それがオブジェクトになるということですね。

上妻　はじめに存在することは、論理的に言えなくて、フィルターを通ったあと、存在するってことになるじゃないですか。そうすると、知覚と認識以前の世界はカントの言うような物自体として外側に設定されることになる……。

清水　たしかにそれだけの形だと、すごく相関的な感じがするよね。

上妻　人間がとらえていない可視光線以上の物ってあるじゃないですか。たとえばモンシロチョウは有名な例です。オスとメスがいて、人間の目から見たらオスのモンシロチョウとメスのモンシロチョウはほとんど同じに見えるんです。でも、じつはメスのモンシロチョウは、紫外線に反応して光っているんですよ。モンシロチョウの目には紫外線が見えるんで、モンシロチョウの目からするとメスとオスは明確に違うんです。でも人間の目から見たら、メスとオスが同じように見えるから、どっちがオスかメスかわからない。でも紫外線が見えるグラスをかけたら、本当に光ってるからわかる。つまり、デジタルネイチャーを記述する際に考慮しなきゃいけないのは、人間の可視光以上のものとか可聴域以外のものといったデータを演算するときのオブジェクトのデータ要素として、人間の必要性以上のデータを記述する必要性があって、それはどこまでやれるのかっていうことですね……。

落合　それはそうですね。「デジタルネイチャー」について海外で説明するときによく言うのが、われわれの目と耳というのは解像度が空間周波数と時間周波数、spatio-temporal なものによって決まっていて、デジタルネイチャーの実装にはそれ以上の高解像度で高次元なものが必要であるということです。今言われたのは高解像度ってことですよね。つまりわれわれにはレゾリューションが足りない。可視光光線というのはめっちゃ波長の領域が狭いんですよ。特定の波長レンジ以外のところは全然色が見えてないんですね。つまり色はないけれど、対象物の形はわかるかな、みたいな。ただX線の場合は透過している。それぞれ、ぜんぜん違う、と。

そういった話まで含めないと「デジタルネイチャー」が完備に記述できないというのは、『魔法の世紀』を書いたときからの問題でした。最後の章にはその問題について書いています。

上妻　それは石を記述するという非常に簡単な問題であっても、まあ石だったらいけるかもしれないけれども、たとえばさっきのモンシロチョウの話だったら、モンシロチョウを記述する際には、人間には見えないけれども、紫外線の領域までデータとして記述しないと、それは結局人間中心主義的なデジタルネイチャーになる危険性がある。それをどこまで記述するのかということを議論する必要がある……。

落合　今、上妻くんが語った「人間中心主義的」な考え方というのは、人間の感覚器を中心とするのか、それとも人間という主体を中心とするかでぜんぜん違ってきます。別に感覚器を中心にしても主体的人間にはなりませんよね。

上妻　感覚器を中心にした場合、ほとんどの人は満足できると思うんですよ。なんだけど結局、物質的自然がもっている情報の複雑性にかなわないのではないかと思うんです。それで記述された自然は非常に狭いレンジに基づいて、つまり低い解像度に基づいて記述された世界が、デジタルネイチャーという話になり、物理世界のほうが遥かに複雑性があるということになってしまう。それだったら、ある種レクリエーションとして、デジタルネイチャーに行くことの楽しみがあったとしても、結局公園で遊んでいるほうが情報量多いよねって話になってしまうのではないかという……。

落合　「公園で遊んでいるほうが情報量は多い」とはならないですね。感覚器の制限の話だったら、そもそも人間はその空間にいても、その感覚器と事前学習による超解像以上の情報は得られないので、公園に行くという情報と、公園に実際に行くという話とはまったく変わらないはずですよ。

上妻　でも、物質的世界には人間以外の生物がいますよね。

清水　結局のところ、どうなんだろう……。

落合　人間以外の生物がいたとしてもそのトレーニングが同等だとすれば、その感じる主体には、そのモンシロチョウの反応に関しては、じつのところ変わんないんじゃないですか。

上妻　でも、モンシロチョウのオスとメスがいることで、それを観察する人に「なぜ見た目が同じなのに上手に交尾できるんだろう」という疑問を抱かせ、その好奇心が人間を突き動かし、観察、仮説、実験し、人間の可視領域以外の領域が存在していることを知れるってことなんです。つまり人間以外の生物は、人間の限界とその限界を拡張する可能性を与えてくれる……。

清水　そもそも実験以前に人間以外の生物も、自分と違う主観や観点をもった動物がいるっていう認識はしていると思う。そういうのを知った上でのメーティス、生きるための狡知があるんであって。ヴィヴェイロスも、パースペクティヴィズムはさまざまな生物が「同じ物を違う見方で見ているということじゃない」と言ってる。つまり、あらゆる生物がその同じ物を見ている見方を足していったら、本当にリアルなものになるという意味じゃない。他の生物がもっている世界の意味づけ、そのインデックス的な布置に置かれると、同じものがまったく違うものになる、そのズレまでをお互い知っているということが、リアルな世界を捉えているということなんじゃないの?

上妻　今の論点は少し違っていて、物理的な公園にいる場合と、デジタルネイチャーで完全に人間の可視領域だけを記述された空間にいる場合の違いについて話しています。公園にいた場合、モンシロチョウに出会い、その出会いによって人間は、なぜモンシロチョウはオスとメスが見分けがつくんだろうと疑問がわくわけじゃないですか。それで人間は発明や実験をしていって、赤外線や紫外線が存在していることがわかり、装置を作り人間にも可視化することで、この世界に紫外線があって、メスはひかっていて、オスはひかっていないから、こういうふうにうまく交尾ができるようになっているんだなって気づくんじゃないですか。でも、デジタルネイチャー的に記述されたモンシロチョウをいくら子供が見たところで、それを解明することはできないわけですよね。

落合　そうなんだけれど、子供はモンシロチョウを解明しませんよね。

上妻　今、僕たちは二一世紀の世界に住んでいるから、さっき説明したことを知っているわけですが、今の知識を得る前の人間にはその出会いが必要ですよね。もちろん、デジタルネイチャーの可能性を否定しているわけじゃないですよ。むしろその可能性を強く理解しているからこそ、落合くんにいろいろとお聞きしたい。

落合　僕もポジティヴに受け取っていますよ。人間がインターネットにあるような情報のデータベースを失わないなら、どこまで解像度を妥協できるかというところが、おそらくキーワードになってくるんだと思うんですよね。なぜなら誰も公園で量子物理の実験はしないし、モンシロチョウをとりにいくのが目的で公園に行っているのに、そこで紫外線を研究したりもしないじゃないですか。する可能性のある領域というのは限られていて、それがほぼほぼ一致するような空間に対する行為は、ほぼほぼデジタル化していくんだろうな、と思うんですよね。なので、紫外線を研究したいときは、ナチュラルコンピューティングしたほうが解像度は高いはずなんです。つまり、物質に直接光を当てるほうが、コンピュータ・シミュレーションするより効率的なんですよ。なぜかというと、すごい速度で計算されているから。この水のゆらぎをコンピュータのなかで計算するとすごい時間がかかるので、「実際ふったのを統計的に処理するために、このデータを集める。そのほうが早い」というような話はもちろんあるんです。だけど、これを何回も繰り返すうちに、その領域をどんどん狭くしていこう、ということをしているんですね。つまり、空間解像度と時間解像度をあげていって、やがて「デジタルネイチャー」が「ネイチャー」になるためにやっているわけなんですよ。

清水　理解をするために作る、っていう考え方がやっぱりあると思うんだよ。オブジェクト指向プログラミングを考えたアラン・ケイが、未来を予測するいちばん確かな方法は、発明することだ、って言ったっていうけど、多分、落合くんがやろうとしているのは、サザランドもそうだけれど、わかるために作ろうとしているんだよ。

落合　たしかに。

清水　それで、陰面処理[5]ということにサザランドがすごくこだわっていたというのもおもしろいなと思っていて。

落合　サザランドの初期のころを語るビデオとかを見ると、ほんと、陰面の話しかしていないですからね。

清水　結局それは、ライプニッツ的にいうと、やっぱりイコノグラフィー問題なんだよ。人間は投影図しかもてないっていう話で、それをわかろうとする以前に、いかに作っちゃうかということが課題だったんだと思う。

落合　そうですね。

上妻　なるほど、今の落合くんの話と清水さんの話は重要ですね。デジタルネイチャーの利点の一つは操作可能性だと思っていて、物理空間を操作するのってものすごい難しいじゃないですか。たとえば、大きい建物を建てるのには何年もかかったりする。でもデジタルネイチャーだったらおそらくかなり早く建てることができる。得意不得意っていう領域が明確にわかれてきて、物理領域で難しいこともデジタルネイチャーなら簡単にできる。

落合 ずっと陰面処理の話をしている。

清水 それってハーマン的にいうと脱去した部分だよな。

落合 なるほど、たしかに、そういう面で陰面の話ばっかりしているのかもしれない。

清水 脱去した部分を捕らえるために、何かこう部屋みたいなところを作って、マニピュレートして、そこに内包してみるっていうか、そういう実験だよね。

「心を動かす計算機」

落合 最近「デジタルネイチャー」の考え方についていていろいろ思いを巡らせていて、「事事無礙」への移行というのが、やっぱりおもしろいなと思っているんです。ここ最近講演で出している「事事無礙スライド」には、「自然状態に対する人間の人間による人間のための人間社会をまずやめよう」といれているんです。そうすると近現代社会というのは自然を観察し、理論を実行し、実存とデータ収集をする、というものだったけれど、今のわれわれは、問題発見とデータ収集が同時に行われていて、人間が思考せずに問題が解決され、最後に理論について考える、ということになっている。つまり、問題は解けたけれど、なぜ問題が解けたんだろう、という考え方をするようになっているんですね。今までは問題を解くために理論が必要だったんだけれど、問題は解けるから、解いたあとに理論を考えるような世界に移行する。そうすると、こっちは、「事・理・事・理」なんですけれど、「事・事・事」までやったあと、「理」があるかないかは、別になくてもいいみたいな。

清水　華厳仏教の事事無礙だと、事のなかに理は含まれていた。そして事と事も相互包摂、入れ子になっていたように、ここで何か変化が起こっているというか、何か作られているんだけれど、それに対しての理論化っていうのはむしろそこにふくまれていると。

落合　逆に今起こっている現象のことを考えるなら「理論化はしてもしなくてもいいじゃん」みたいな。人間がわかるような理論化はする必要がない。今までは、人間がわかる理論化をしないと、装置が組み立てられませんでした。しかも組み立てたあとにもう一回理論化しないと問題が発見できなかった。けれども今のわれわれは、「なんかおかしいな」というのはわかって、なんかおかしいなと思うようなデータを集めていたら、「あ、問題が解決した、よし使おう」みたいなことをやっていて、そこからは理論は発生しませんね。

上妻　この事と事の間で、フィードバックループというか、回転が起こっているわけですね。その起こっているなかで、言語にしたい人は理論化すればいいし……。

清水　ちなみに仏教で理事無礙って言っている理は、理論の理ではなくて理性《りしょう》なんで、さっきも言ったように縁とか、関係なんだけど、変換関数が情報だ、知能だって言ってるわけだから、同じことだよね。そしてそこで結果だけ出てくることが再魔術化でもあると。

落合　再魔術化です。なぜ使っているかはわからないけれど、end to end でやっているだけ、という感じです。でも、インターネット上のアーカイヴには、この魔術の手順書やコードがこれから膨大に増えていくし、ググれば使えるようになっていくので、あまり関係ないのかな、と。

清水　そんななかで、ヒューマニティとか心とか、ずっとそれが中継点になっているとされてきた。ベルクソンなんかも大脳っていうのは中央電話交換局みたいなものだと言っていたけれど、そういうモデルは完全に崩壊してしまったわけだよ。それがおもしろい。そういえば『魔法の世紀』で、落合くんは「心を動かす計算機」っていう言い方をしていたけど、あれって感動させるってことじゃないでしょ？

落合　あれは「感動させよう」ということです。

清水　えっ、マニピュレートするんじゃないの？

落合　ああ、感動をマニピュレートすることです。人間の心をどのようにマニピュレートさせるかということですね。

清水　だよね。だから考えたら恐ろしいこと言っているなと思って（笑）。マニピュレートして感動させようとしているわけでしょう。

落合　そう、マニピュレータブルなものですね。

上妻　でももう一部されていますよね。第一章で話したケンブリッジ・アナリティカという会社は、その人の政治思想をFacebookの何に「いいね」したかで解析していて、電話だったり自宅訪問する時には、こういうふうに口説けばその人は感動して、トランプに投票するだろうというのをやっている。

清水　でも、それって映像と広告の時代の延長で、カスタマイズ化されてはいるけれども……。

上妻　それがデジタルネイチャーの空間においてもできるようになってくると、もはや、訪問する必要もなくなってくるわけですよ。

身体の操作、脱人間化

落合　一昨年、やっていた研究でおもしろかったのがありました。人間は、右手を三拍子、左手を四拍子でふるのがとてもむずかしいんです。だけど、機械にはそんなことは関係がないので腕に、右手三拍子、左手四拍子の電流を流せば、動くんですよ。

上妻　これ、おもしろいですね。

落合　ここはポイントなんです。プログラムを使って電流を流し、人間の手をふるタイミングをあわせるというのは本当にできるんです。そのあとにこの電極を外すと、外したあとも普通に叩けるようになるんです。つまり、人間のリズム知能は、筋肉によるフィードバックが先でも成り立つんです。

清水　これ、半身不随になった人の腕を、機械制御された義手で自動的に動かして、それを脳にフィードバックさせることで機能回復させるっていうリハビリもあったよね。

落合　それと近いです。あれは筋肉を無理に動かすことによって、使えなくなった筋肉に違うパスを形成するということをやっているんです。ただ、僕の研究のおもしろいところは、人間がいつも使っているものをどのようにしてフィードバックさせるかなんです。つまり、頭のほうからトレーニングするんじゃなくて、腕のほうから頭をトレーニングさせる、みたいなものです。

上妻　よくよく考えたら、読書だって目という感覚器官を使ってるし、姿勢なども集中力に関わってくる。姿勢や目の使い方から、読書習慣を身につけるという方法もあるわけですね。

落合　漫画の『まことちゃん』に出てくる、「ぐわし」という手のポーズがあるじゃないですか。あの手を真似るのはとてもむずかしいんです。でも、あの手の形を、電気信号で一度筋肉に学習させるとできるようになる。つまり、人間の意志では動かなかった筋肉を、電気信号で動かしてやる。筋肉を入力器にして学習させるとぜんぜん早いんです。今までは頭で理解してから筋肉を動かさなくちゃいけなかった。つまり脳で理論化してから手を動かそうとしていたんですけれど、手を動かした状態からはじめれば、訓練の方向を逆向きに脳は学習し、覚えていくんです。コンピュータを経由して、こうした関係性の逆転は起こっているんです。

清水　テクノロジーを使った身体拡張をやる実験的なアーティストで、ステラークっているよね。腕に耳を作ってみたり、義手で三本目の腕を付けてみたり、六本足のクモみたいなロボットを自分の身体の微妙な動きと連動させて動かしたりするやつ。ああいうのも、ロボットの動作によるフィードバックがあるから自在に動かせるんだろうな。TVSS（Tactile-Visual

Sensory Substitution）って言って、チップみたいなものを舌の上に乗せておいて、それがカメラに連動していて左右とか前とかに障害物があると右なら右にピリピリ電流が流れるようにする。そうすると目が不自由な人でもその方向に像らしきものが感じられるようになってくるっていうのがあるらしいね。これもフィードバック。

落合　こうしたこれまでの関係性の逆転というのはおもしろいですね。弊ラボは、「人間」は「自然」であるという解釈は採らないんです。つまり、人間は「波動」と「物質」と「情報」があるだけの存在で、今の人とインターネットが知的に接続された世界では「人間」はこれまで僕たちが考えてきたような「人間」ではない、という考え方です。ホログラムとマテリアルの情報変換装置というものがあって、波動と反射とインタラクションのようなものを内在しているだけである。そういうシンプルさで物を捉えて、工学的実装を先に作る、ということです。たとえば、人間をVRゴーグルでマニピュレーションする、という僕たちの研究がそれです。この人は、Aに向かって歩いているんです。本人はいまでもAに向かって歩いていると思いこんでいるんだけれど、裏からリモコンで操ることによって、Aに向かって歩いているつもりが、Bに向かって歩いてしまうんです。

上妻　それは、どういう仕組みになっているんですか。

落合　これは単純な仕組みです。人間を、ステレオカメラで動くロボットとして捉えることができるので、VRゴーグルにカメラを付けて歩かせて、カメラの視点をグルっと動かしてやると、人間は歩いていても気づかないんです。脚のほうが勝手に動いてしまうので、人間は気づかない。VRゴーグルをとりつけてもらった状態で、まずは「まっすぐ歩いてください」と指示する。当然ふつうにまっすぐ歩けるんです。二五メートルとか三〇メートルぐらい。そのあとにVRゴーグル内の視点をグルっと動かすと本人はまっすぐ歩いているつもりが、じつはまがって歩いてしまっている。コンピュータが知覚に介在することで、人間をマニピュレーションできる。これは昨年発表したおもしろい研究でした。

上妻　さっき落合くんに、デジタルネイチャーの解像度は低いんじゃないですか、と質問した理由はいま落合くんが話してくれたことに可能性の中心があると思っていて、物理世界の解像度は高いけれども、デジタルネイチャーがマニピュレーションできるってところは、組み合わせることで人間自体も……。

落合　そう。人間自体も高い解像度のその一部分だから、どちらの解像度も一旦下げてしまって、デジタルなものでコントロールすればポロっと動く。

上妻　っていうことができるから、それは結局筋肉だったりとか、脳ってものを全部関数としてとらえて……。

落合　そうですね。関数として捉えることによって、逆関数が容易に設計可能となるから、問題が解決できる。行列演算でとける。

上妻　コントロールできるし、操作できるようになるってことですよね。

落合　といったようなことをずっとやっているんですけど、毎年いろいろなものが操作可能になっています。

上妻　だから感動を操作して作るっていうのは、人間を関数として捉えてみたら至極当然の流れなんですね。

落合　ピクシーダストで作った「ホログラフィックウィスパー」という超指向性スピーカーもとてもおもしろいんです。人間の視聴覚範囲というのは、たとえば低周波だと空間分解能が低いんですよ。逆に位置がわかりやすい。普段聞く音声のうち、このなかに混じっている低周波のほうは、分解能が低いからここからしていなくても別にいいんです。だからスピーカーの高いところだけを超音波でパスンと当ててやって、ほかの音をこっちから流してやると全部の音がここから聞こえているように感じるんです。

清水　歩いていると、突然そこで音が聞こえるってやつだね。

落合　その「点音源スピーカー」というのは、弊ラボが開発した最近のおもしろいものの一つなんですが、それを使って、ここの音源からしか全部出していなくて、高周波だけ散らしているだけなのに、低周波が前からなっていても、そこから聞こえてくるように感じるんです。

前からしか音が放出されていないのに。人間において空間から音がしているというマニピュレータブルな部分というのは、ここの周波数だけであるということを突きとめて、「では、音はどこからしてますか？」というと、「ここです」みたいなところです。こうした人間のレンジの範囲だったら、だいぶマニピュレータブルです。なぜマニピュレータブルになったかというと、人間の知覚周波数よりも高い超音波のレンジまで波動の空間分布が制御可能になったので、人間がコロリと騙される部分は、かなり含まれている。レンジを一度拡大すると、人間には気づかれない解像度の部分をいじれるんです。

清水　さっき、エドゥアルド・コーンが動物はインデックスまで使ってるけど人間はシンボル機能まで使うみたいな話をしていた。それでそういうパースペクティヴの飲み込み合いがあるという話をしていたけれど、やっていることは同じだよね、普通の人間のパースペクティヴをさらに飲み込んだ、そうした記号過程を作ろうということ。まあ、記号過程とは言わないだろうけれど。

落合　「自然化」というのは、いい言葉だなと思っています。「自然」というのは、あらゆるところでそういったものを作りだしているじゃないですか。光をエンコードする、とかもそうですね。これを情報という枠組みで、量子化以降を切り離してエンコードがかかっていると「知能」と呼ばれて、光を入力すると、たとえばペンで光の絵が出力されるみたいなものというのが、ある種時間差と違う物理量への非線形な変換がなかに入っているから「人間」と呼ばれている。だから揺れる液体から出てくる、そして蛍光のような非線形な波面と、人間との間でなにが違うかというと、時定数とほかのデータとの結合性みたいなものなんです。

清水　それらのデータの結合っていうのは、外的な世界でしているわけ？

落合　外的な世界でしています。

清水　それだと、プラグマティズムの考えとまったく一致するね。たとえば、ここからこういったら新宿駅に行くと。それでまた別のときにそういうことをして、同じ経験をしたら同じところに行くと。それは精神が記憶していて結びつけるんじゃなくて、新宿駅っていうものがあって、それに対する同じ経験が結びついた。それを経験一元論とか、記号過程とか、三種類の記号とか言わないで、波動と物質と知能と呼んでいると。サイエンスの用語で言ってるけど、非常に近いね。

落合　近いですね。

清水　だからそこで、人間っていう回路をはずしちゃって、あるいは……。

落合　機械で作った……。

清水　ものをメディウムとして外部にもってくればいいんじゃないか。

落合　それについては、弊ラボのなかでの議論としては、かなり脱人間化してきたんですよ。

だいぶ人間臭さが抜けてきた（笑）。例え話として、「リンカーンを終らせろ」とよく言ってるんです。「人間の人間による人間のための政治や社会」という概念を、とりあえずまずはとっぱらえ、と。

清水　人間以外のエージェントを深く絡めた政治っていうのは、現在では結構真面目に問題になって来ていますね。イザベル・ステンゲルス[6]っていう、この人もセールの弟子筋の人なんだけど、「コスモポリティックス」っていう概念を出していて、ラトゥール[7]とか、ヴィヴェイロスとか、みんなその用語を使ってあれこれ議論してしますね。マオリの人たちの働きかけによって、二〇一七年にニュージーランド政府が、ファンガヌイという神聖な川に「人と同じ権利」を法的に認めた、という話があった。南米でもそういう動きがあります。近代人にとっての政治的な全体の概念は、ホッブズが語ったリヴァイアサンだけど、これからは地球を丸ごと含めた新たな全体概念を考えないといけない。ラトゥールはそれを、《ガイア》と呼んでいますね。彼なんて、フランスの政界の超エリートばっかりを養成するグラン・ゼコールのパリ政治学院の教授で、しかもその副学長ですよ。未来の政治家たちを集めて、そんなゼミナールやパフォーマンスを大真面目にやっている（笑）。もはや、非人間まで含めた政治を考えるというのは、全然絵空事ではないんだよね。

人口減少社会をチャンスにする

清水　そういえば前回も、近代になると規格化があって、同じものが大量生産されるようになっていく、という話をしていた。こういう時代には時間や時間ごとの労働も企画化されて、均質になっていく。さっき触れたホイヘンスも、ただ天体観測したいから振り子時計を作ったらしいんだけど、そういうのも人間の労務管理の道具になっていく……。そういうのが近代だったと思うんだけれど、もはやすでにそんな局面ではない。とにかく大量生産の工場みたいなものを作って、その補完物として、教育の力も借りながら均質な人間を増やしてきた経緯があって、その反動もあって、今は少子化に向かっている。これからはカスタマイズの社会になってくるんだから、人数に依存しない社会にいないといけないんだけど、それ自体にやっぱり抵抗がある人もいるよね。

落合　人口減少社会や介護の問題は、これから大事な問題なので説明しておきますね。ベンチャーファイナンスの話だと、赤字になる期間のM1、黒字になる期間のM2の投機予測の差で考えるのが最も単純な例ですね。つまり、M2がどのくらい生み出されるのかということを考えて、M１の赤字を回復するのを考えるのが投資という考え方だから、M２が予測できていれば、M１の限度を考えるのが簡単ですよね、ベンチャーキャピタルからしたら。「死の谷」[8]のことを、見えている人にはどれくらいの期間かわかるかもしれない。それでM２が莫大な利潤を生みだすということをわかっていたら、M１は四の五の言わずにやらないといけない。それをふまえて動くべきなのに、目の前にM１の期間の障壁があるから機械化がうまくいかないというロジックはおかしい。後でM２を使って稼ぐのが普通ですよ、ということなんです。

たとえば今、ビットコインやICO[9]とかめっちゃ流行っているじゃないですか。それだってM２が見えているから、M１の期間を一気に抜かしているだけで、たとえば介護福祉施設とかをそうやって一〇〇年かけてビジョンにします、ということだと、M２がものすごく大きいので多くのお金が集まるはずなんです。いったん原資を、現在の価格で手に入れてしまえば、問題が解決に向かうはずです。そういう考え方というのが、われわれ人類が二〇世紀に生み出した金融資本主義のベースの考え方なのに、この問題に現場で向かい合う人の多くは、そういう風に考えていない。

上妻　なるほどね。

落合　未来に対するたしからしさを、金銭価格に置き換えることができない人類と、できる人類との間に大幅に差がある。つまり未来価格が予想できているものに対して、現在価格で価値を手に入れることができるという資本主義のテコを、小学校では習わないので、元手がないとなにもできないと思ってしまうんです。重要なことは、未来という同一商材がきて、未来が時刻ｔ０にあって、僕らが時刻ｔ１にあったとして、僕らがｔ０になったときに、これがいくらかというのがわかっている、つまりこの未来の金額がわかっているとするじゃないですか。僕がたとえば未来の金額というのは、だいたいこのくらいだろうと思っている。そもそも本当に予測すらしていないんだけれど、たとえばＭ１だけを見てこのあたりだろうと思っている人と、Ｍ２を予測をしている人とのあいだでは、そう思う原因がだいぶ違うわけですね。後者はこうだと思って動くと、それがきたときに、あきらかにその利ざや分だけ稼げる。そういった時間方向の感覚の問題にしなくては、この労働力不足は解消しにくい。

清水　そもそもそういう大局でのビジョンがないだけじゃなくて、変化があると自分が失業すると思っている人もいる。

落合　そうですね。

上妻　あとは、お金のことがわからないので不安なんじゃないですかね。お金っていうのがもともとクレジットであって、信用なんだということにあまり実感がない。

清水　ようするに、そういう、非常に均質な能力の人間をいっぱい作ったんだろうね、近代社会が。その人たちが変化を嫌う傾向をもっている。豊かになったから自然に増えたんじゃないんだよ、おそらく。むしろ豊かになると減る。細胞のアポトーシスみたいなものだよ。

落合　均質な人間を、工場の裏返しとして作ったんですね。

清水　その当時、必要だったから作られたんだよ。

落合　以前介護の現場の人たちと議論をしたんですが、ここのところで話が噛み合わなくて。そのあと三日ぐらい経ってやっとわかったんです（笑）。僕は、この問題について真剣に解決しようと思っていた。彼らも問題を解決しようと思っているように一見すると見えるけど、じつは問題それ自体を本質的に解決したいと思っているわけではない、ということに気がついたんです。抜本的な解決を望む人が多いなか、現状を維持しながら、あくまでも「自分たちの問題」を解決したいと思っている人もいるんです。抜本的な解決など望んでいない。つまり抜本的な解決をしてしまうとそこにしがみついている自分たちが食いっぱぐれる、もしくは手を抜けなくなる、という問題にも彼らは直面しているんですね。でも、僕は抜本的な解決を真剣に望んでいるんです。その意味ではあきらかに僕は彼らの敵なのです。

上妻　近代思考って、なんだかんだ言うけれど、現状をいかに維持していきましょう、っていう考え方ですもんね。

落合　基本的に思考が、ゼロサムゲーム(10)なんですよ。市場の拡大を前提にしている。

上妻　変動が大きい抜本解決を、できないようにしているようにも見えますね。

落合　けれども、ここまでコンピューテーショナルな世界になってくると、以前の社会と、限界費用や限界費用の考え方がまるでかわってくる。情報学的な導入によっていろんなものの抜本的な解決がねらえるんです。今までは物質や、「人間」が解決処理していたから生産性にかなり問題があったけれど、人工知能と波動のほうは物質性がほぼないので、コストが相当下がる。スマホから光と音を出せるし、人工知能はインターネットの上に乗せられるから。

そうなったときに、物質的な人間をわりふっていた問題のある程度の分は、人間をわりふらなくても、音と光と人工知能と、ある種直接的に動く機械があればよくて、二一世紀になって解決が楽になりつつあるんです。スマホとインターネット、つまり通信とアーカイヴの問題。

上妻　この問題は、人々が生産力を取り戻したということにあると思っていて、つまり本当はみんな、問題解決することができる状態になっている。なんだけれど、近代のもう一つ別のフレームでいうと、たとえばマルクスの資本家と労働者の区別って、生産力を、生産手段をもっているかもっていないか、っていうことで分けるわけじゃないですか。つまり資本家っていうのは生産手段をもっていて、その生産手段を……。

清水　よく身体が資本っていうけれど、これもいわゆる労働力商品だってことだよね。

上妻　それは結局、生産手段を与えられて働かされているわけですよね。でも現代社会は、みんなやろうと思えば生産手段を各々がもっている社会で、そうなったときに、解決できる問題は、じつはかなり多くなってきている。僕たちは生産手段を取り戻していて、実際は実装するだけなんだけど……。

落合　インターネットによって取り戻している。

上妻　そう、取り戻している。Twitterで自分の意見を発信できるわけですし、その構造的転回を発言や消費だけでなく、どういうふうにサービスや商品にするか、っていう生産や制作のレベルで考えることができれば変わるはずなんです。でもみんな生産手段を既にもっているのに、近代の建前が崩れるからもってないです、ってことにしている。

落合　あるんですよね。怠惰だからできない、と通念化することによって、最初の問題がまだ存在しているかのように見せたいところがある。「共産主義」が失敗したひとつの理由は、ここまで発達したインターネットがなかったからだと僕は思っているんです。つまり人工知能と波動を空間的にコピー可能な限界費用の低いアーカイヴと再分配のシステムみたいなものがあったら、「共産主義」的な手法のうちいくつかというのは比較的あるかもしれない。再配分可能な限界費用ゼロシステムに基づく労働を「ベーシックインカム[11]」と言っているようなもんですから。インターネットに直面したことによって、共産からベーシックインカムに考えが移行しただけかもしれない。

上妻　そうだと思いますよ。生産手段を全員がもっている時代においては、どう考えても、ベーシックインカム付き資本主義のほうが効率がいいんですよ。ライフラインが確保されていたら、好きなことを探したり、制作したり熱中する勇気がもてる、ある程度他人が欲するような水準になったら生産にもなる。今は、嫌なことでもやらないと家賃とか食費が払えなくて死ぬかもしれない、という恐怖を突きつけられている。

落合　でも、「ベーシックインカム」なのか「ベンチャーキャピタル」なのか、という話はあって、キャピタリズムのテコを使った方が一気に社会が変わるという状況があります。それはどういうことかというと、現状を配分するゼロ和の社会を運営することに限定するインターネット共産主義的な考え方のほうが効率性が高いんです。つまりは全部がゼロサムなので、全員が多様な生産方式を使って、社会を維持するためのものを作る。そういう意味においてはそっちのほうがコミュニティの議論として納得しやすい。たとえばゼロ和ではなくて、より全然違ったインフラを作ろうとしたときに、キャピタリズムのテコを使わないとM2から利潤が調達できないので、現状維持を超えていけない。

上妻　僕は両方やるべきだと思っています。なぜかというと、すでに新しいものを生み出せる人たちには「ベンチャーキャピタル」でいいと思うんですが、ただ、こういう意見に反対してきた人たちに安心して自分の好きなものを見つける時間を与えるには、ベーシックインカムのほうが調子がいいと思うんです。

清水　自分で思っている以上に、普通の人はマルクス主義の特殊な考え方を無自覚に信じているんだよね。資本家は搾取する、貧しい人々から富を巻き上げて自分のものにしたのだ、だから再分配は正しいのだ、みたいな考え方をする人がいるじゃない。富の再分配はある程度されるべきだと僕も思うよ。でもあれの理屈って、商品の価値が、それが作られるための労働時間によって決まるという、大昔の古典派経済学の労働価値説にもとづいてマルクスが語ったものだよね。それって、たとえば金貨に交換価値があるのはそれを採掘するのに労働力と時間がかかったからだっていう理屈。電子マネーとか仮想通貨とか言ってる時代に、さすがにこれはありえないよね（笑）。

落合　あれは、タイムマネジメントの世界の話ですよね。

上妻　それも近代の問題ですね。

清水　麦とかミカンとか時計とかという売り物がない人が、自分の労働力を売るとする。これを労働力商品っていうんだけど、そのときその人が六時間寝たら、六時間寝た分で回復《リカバリー》できるんだとすると、それが「労働力商品が作られる時間」になる。もちろんこれは、労働価値説が正しかったからだよ。このとき労働者の交換価値はそれだけ分の賃金になるんだけど、資本家はたとえばその人を十二時間働かせることもできるので、半分は懐に入れられる、だからそれだけ搾取して私腹を肥やしたんだっていう説明。これだと、落合くんの交換価値はものすごく低くなっちゃう。ほとんど寝ないから（笑）。

上妻　でもそれは結局、生産力を各々がもっていない時代の分析ですよ。与えられたフォーマットにもとづいて働かせているから、仮想的な計算ができるわけで、各々が違う仕事をしている時代の場合、各々が同じ生産力のわけがなく。

清水　それもそうだし、時間をかけて働かせれば働かすほどもうかるってわけでももちろんありません。需要がなければ損するだけですし……。そもそもこんな理屈を維持するのはもう無理なんですよ。もうかっていく人がいるのと、全然ダメな人がいるというのは、本来、そんなに関係ないはずだと思うんですよね。にも関わらず相変わらず多くの人がまだ洗脳されていて、これだけ成功しているやつがいるから自分が報われないんだ、って思っていたりする。

上妻　それは生産手段を資本家がもっていて、同じことをみんなが均等にさせられているということが前提としてあるから、いっぱい働かせたらその分もうかるということが前提になっているけれど、その前提はすでに崩れているから、別のスキームというか説明原理がないといけないのかもしれない。さっきの落合くんの話に戻ると、理論はいらないんだけれど、全員が生産手段をもっている世界で、異なるフレーミングみたいなものがあったほうが便利といっちゃあ便利。

落合　まあ、なくてもいい気もしますけれど。

上妻　正直言えば、なくてもいいですけれどね（笑）。

落合　人口減少社会においては、ほぼそれに近しいじゃないですか。人が減ることによって椅子が減るかといったら減らないんです。インフラを整えてしまったから。ようするに日本の社会インフラは、一億何千万人まで対応できることは、二〇世紀に示した。そこから人口がどんどん減っていったら、今度はインフラを自動化すれば人は雇わなくても動けるようになるので、非常に便利になる、と。山手線の乗車率が低くなるだけでも非常にすばらしい（笑）。効率化と撤退戦。しかし、そのインフラ維持を少人数でやっていく困難とかは常に存在している。この撤退戦はしっかり考えないといけない。

あと、標準化教育の弊害というのがありますね。たとえば、そういった機械による効率化が職を奪う場所と奪わない場所というのがある、ということを考えなくちゃいけないんです。グローバルなトレンドは、ローカライゼーションをすると意味が変わってしまうんですね。つまり、四国の山奥はおばあちゃんが自分で分散処理系で処理したほうがいいけれど、東京は中央集権でコンパクトな自動化のほうがいい、といったことです。それは場所によって異なるから一元論では語れないし、多くの組み合わせになる。テレビベースの社会というのは、ある種国民国家の理想郷を目標としていて、同質のサービスによる平等性を探していた。山奥でも東京でも同じテレビが見られるし、同じソースからの情報摂取だったので多様性が少ない。でも、多様性がある社会においては、場所によっては問題解決の手段というのは大幅に異なっているから、ある一個の標準的な問題解決手段があったからといって、それによって問題が解決するはずのない場所とある場所が存在する。そもそも、一つ一つのローカルの問題がぜんぜん違うんですね。

上妻　今後は、どう考えても教育の問題が重要になってきますね。

清水　人間が減っていったら、人的資源が減っていって、優秀な人が減っていくみたいな考え方もできるかもしれないんだけれど、あれも実際のところそうばかりでもないよね。むしろ人口が少なかった頃の日本人ってかなり優秀でしたよ。歴史的連続性があるということの方が大事で。

落合　人口が少なくなって、才能も少なくなってしまったといったロジックは、人間から人間への情報伝達というのが不能だった時代の考え方です。これから先インターネットの上に昔の人たちの情報というのが残りはじめていくから、当座の世界に人間がいっぱいいる必要はなくて、過去の知能をあたれるような手法がもっと増える。この統計的アプローチが、歴史的・ブランド的アプローチを咀嚼して、文化のアセットにしていかなければならない。統計的な問題を解決することを考えると、グーグルの画像検索の精度は、今を生きている人類のおかげだけではなくて、過去一〇年生きていた人類のおかげで精度が担保されているところもある。昔は利用可能な知の蓄積が少なくて、人から人への情報伝達が本ぐらいしかなくて、きわめて非効率的だったんです。インターネット上に天才の思考や、コードは残っているし、天才でなくても、「ビッグデータ」といえるものはたくさんある。人間の思考は積み重なっているから、人が減ったとしても、その肩に乗ることのできる人類の打率が下がるという話とはまたぜんぜん別な話になりつつあります。しかし、もちろん国際競争力という観点では、生産性を上げていかなければ、敗北する。つまり、柔軟性が次の効率を決める。

上妻　別の経路から出てくる人がたくさん出てくる可能性もありますよね。

落合　ある一定の閾値を超えないから、そこまで到達できなかった人たちが、従来の機会の構造と比べて有利になって、そこに登場する可能性もありますし。

現象 to 現象の世界——イルカたちの神殿

清水　あとはやっぱり、現時点で情報伝達の妨げになっているのは、言語の壁だろうね。だんだんそれも技術的に、たんにロジカルな内容や知識だったら、たとえば英語ならどこからでも完全にアクセスできるようになってくる。ネイティヴスピーカーじゃなくても。言語による高度な表現として残るものももちろんあるだろうけど、それはむしろ現象、物や事の強烈な経験のあとに来るものになるだろうね。

落合　現象と言語の問題は大きいです。言語というフレームワークでものを考えるとこのギャップは突破できないので、現象を作ってから言語に戻りましょうというフレームで考えないと解釈や実装が不能です。ポストモダンの壁が崩れないから。言語というのはフレームワークが言語なので、できたものがないと言語は突破不能ですから……。

清水　再魔術化は、技術の世界は確かにそうなっていくんだろうけど、文化系の学問っていうのは、いつまでたっても近代とその客観性モデルをひきずっていて、言語による言語の解釈に固まってしまっているところがある。

上妻　それはもう単純で、体験に触れた人が少ないんですよ。

清水　ああ、ただ言語だけからはいってるんだね。

上妻　そう、研究室で、言語から言語に学んでいってて、頭がよくなったような気はしているんだけれども。

清水　人文系もまた再魔術化して残っていくと思うんだよ。言語芸術が魔術でなくてなんなんだという。書き手も、また大真面目に言葉の「魔法使い」であろうとするべきじゃないか。かつて詩人のジャン・コクトーがみずから名乗っていたみたいに。作家の尾崎紅葉とか、泉鏡花とか、詩人の北原白秋とか、昔の人たちでも本当にそんなつもりで書いていると思う。外連《けれん》味《み》がないと全然おもしろくないよね。

上妻　そうですよね。小林秀雄のエッセイを読んでも体験から言語にいく。だからこそ読者は言語から体験へと飛ぶことができる。

清水　小林秀雄は一時期本当に不当に批判されたよね。骨董を見て感激した経験とか語ると、小林秀雄はなに言ってるんだよ、って感じだった。没後は戦後のゴミのような奴らに欠席裁判で勝手なことを言われ続けた。当時は言語論的転回の時代で、物なんか語るのはアナクロでけしからんというような空気だった。晩年の『本居宣長』なんかでも、「もののあわれ」論だよね。「物に心が動く」というのが「もののあわれ」だから、彼にとってはそこは外せないんだよ。

『本居宣長』を読み返してみると、厳密な文献学者である宣長がなぜ古事記のような不合理な神話を虚構扱いせず、本気で扱っているのか、ということを晩年の小林は何年も考え続けている。フィクショナルなもの、ヴァーチャルなものが、それこそ物として現れてくるのはどういうことなのかを、ずっと考え続けているんだ。この辺かえってすごく現代的だよね。むしろガブリエルやラトゥール、ハーマンに近い。フェティッシュを経由していかにフェティッシュを超えるか、ということを考え抜いた人だよ。

上妻　僕は、小林秀雄が好きなんですけれど、自分がこういう経験をした、体験をしたっていうところを、絶対に捨てなくて、そこをベースに考えていて……。

清水　経験っていうのは、自分のものっていうだけじゃない。もののものでもある。六本木の森ビルにいったとか、森ビルっていうのはすでにものの世界なわけだよね。そこを外すとやっぱりダメになる。言語やテキストに落として、そこで解釈をどこまでも客観的にしていこうとするだけだと、出口がない。客観的にしようとしているだけで、実際には共有できないものになってゆく。

落合　最近、思考実験的によく考えていることがあるんです。もしも人間にとっての外敵がいなく、かつVRで脳と脳が互いに認識しているリアリティを直接通信可能だったとしたら、はたして建物を建てるだろうか、と。さきほどの話に出ましたけど、建物を建てるのはとてもコストがかかるじゃないですか。建物を建てる理由は、住まないと雨風しのげず死ぬから、とかいくつかの理由があるとは思うんです。もしも僕らの身体が羊水みたいなもので包まれていて、ほぼ『マトリックス』みたいな世界にいたら、建物は建てないでしょう。

上妻　雨とか降るだろうから建てている。

落合　それを考えたときに、「イルカというのはおもしろいな」と思ったわけです。イルカというのは、その視覚・触覚・嗅覚、そしてエコロケーションでものを認識するんですね。あとはお互いのイルカのコミュニケーションの伝信系。イルカがいて、通信によって、もしくは測定によって対象物を認識する。そうすると対象物がかえってきて、「わかりました！」という情報を、ほかのイルカに波動で通信しているんですね。波動と物質の関係を超音波という同じ波を使って送りあっているので、稠密だと思うんです。例えば神殿のような構造物があったとして、「あそこに神殿あったんだよね」と伝えたら、「あ、神殿あったね」、「あ、でもこんな神殿どうだろう」、「ああ、そんな神殿もありだよね」といったやりとりができるかもしれない。つまり、こういったイルカの通信でのやりとりがもし仮定されると、われわれに置きかえれば、VRで行うようなもので、フィジカルな世界を一度も介さずにコミュニケーションがとれるかもしれない。彼らのやりとりが言語的ではないコミュニケーションらしいというのは、辞書作りの難しさからわかってきているんですけど、この点は研究者の人もおっしゃってました。その点で、彼らの相互通信は人間の言語では解釈しづらい。つまり、現象をデータ化したもので通信している。パケット通信を言語化しようと思ったら、人類は解析できないじゃないですか。個体番号があることも確定しているんです。

清水　数の概念があるんだ。

落合　あ、すいません、個体名称。

上妻　ああ、固有名詞があるってことですね。

落合　コールホイッスルという個別の通信スタートがあることは確定している。三次元空間の認識に関する通信が行われていることも連携動作からわかりはじめている。この三つがあるらしいということは、彼らは文章も形も構造物も一切作らないんですけれど、きわめて高度な文化をもっている可能性があります。

清水　すでにいわば集合的知性なんだね。現象to現象で、現象そのものの共有度がすごいので、無理やり建築というような形で構造物を作らなくても、人間でいったらそれにあたるものを絶えず共有している。しかもそれがつねに動いて、生まれ続けているってことか。

落合　チームの通信プロトコルが決まっているんですよね。共通の夢をみる、とか言われていたりしています。

上妻　それ、おもしろいな。

落合　その点で言うと、現象to現象の世界に生きているんですよ。つまり、現象を直接取得し、その現象を他者に同じ形で通信する方法をもっている。これは、とても興味深いです。だから、イルカも建築物についての認識があるかもしれない。

清水　建築と音楽は、作品に人間がすっぽり入り込むところに類似点がある芸術だけど、ある意味ではずっと、イルカって音楽を共有しているのと似ているのかもしれない。

落合　どのような形かどうか、とか。でも、彼らは形を作る必要がないですからね。

上妻　情報のなかでの建築が、人間よりはるかにすぐれているということですか？

落合　可能性はある。水中では、三次元空間を自由に移動できるし、天敵もそれほど多くない。シャチとイルカが、会話可能なのか、それとも会話不能なのかということも気になっているんです。そうそう、シャチについてはなおのことそうなんですよ。彼らには天敵がいないんですね。この世界に天敵がいなく、かつイルカのような通信形態をもっていたとしたら……。これはもう独自の文化をひたすら作っているかもしれない。

最近のニュースでおもしろい記事がでていましたよね。どうやらあるシャチが、ホオジロザメの殺し方を獲得したらしい、と。その後、ホオジロザメの死体が、空間的に離れた場所からもどんどんあがるようになった。つまり、一匹のシャチが、イメージを使って対象物をどのように殺すかということを発明したんです。それを仲間に教えたら、ほかのみんなも「クックパッド」を見て料理をするかのように、同じ方法でホオジロザメを殺すようになった。現象to現象のコミュニケーションが成立しているかもしれない。

清水　彼らがやってること自体が記号過程になっている。

落合　だから、記号化する必要がないんですよね。記号というのは「現象to現象」での議論ができないときに発生するものなので。

清水　いや、パース的な意味での記号過程（semiosis）は、世界で起こっている現象そのもののことだから。ウィリアム・ジェイムズは、主体と対象というのはお互いに位置と役割を変えているだけで、経験と経験がうまく連接すると、前の経験は後の経験を予期していた主体になり、後のほうは対象として扱われると考えた。そういう経験一元論なんだけど、パースは前の経験を複数もってきているわけ。時間軸の経験の連接だけでなく、空間軸の隣接性も使うわけなんだよ。それをインデックスと呼んでて。それが今度は時間軸で後の経験に適用される場合にヴァリエーションや応用をつけられる、それがシンボル的思考だって言ってる。そういう変転のすべてを記号過程って呼んでいるんだよね。だから経験一元論でかつ記号一元論になるんだよ。

落合　さきほどの時空論に広がっている、という話はまさしく通信と知能の話もそうであって、対象物と対象物の関係性はホログラムで記述できるけれど、それが一回知能の側にふれると、時間差や非線形性をもったりする、というのは、そうだろうなと思います。

清水　タイムラグがあって同じ経験が連接するっていうことが、時間だし、それが主体的なものや知能の役割を生む。しかも、そこではイルカたちが共有しているような空間的なマッピングとか、インデックス的な機能が働いていて、そういうフィルターを解して現象to現象の変化がただただ繰り返されている。

落合　あと、特徴量が抽出されるのも知能の特徴で、だからそれをシンボリックにするのかもしれない。シンボルにするためのフィルターなどもあります。

清水　なるほどね。アニミズムの思考とプラグマティズムが融和する、っていうのはおもしろいなと思っていたけど、イルカやシャチの例を聞いていると、サイエンスがもはやそれを裏書きしつつある感じなんだな。イルカにおいて知性がどういう現れ方をしているか、ということを考えると、人間の主体や知性というものがどんな条件で形成されるのかよりはっきりするかもしれない。

いや逆に、近代的な人間主体のありようを脱すると、目からうろこが落ちるように、世界中のあらゆるものがその境地を生きているということがとたんに明らかになってくるのかも知れない……。道元[12]が『正法眼蔵』の「現成公案」で、「仏法をならうとは、自己をならうなり、自己をならうとは、自己を忘るるなり、自己を忘るるとは、万法（ありとあらゆるもの）に証せらるるなり」と言ってるけど、まさにそんな感じかも知れないな。

落合　たとえば、「image to image」というのは、つい最近までディープラーニングで流行していました。「image to image」というのは、end to end の変換のことです。今までは、言語を使っていたじゃないですか。でも、たとえば「僕の脳内はこういう感じなんだよ」とやると、「そうそう、そういう感じ」となる。だから、この形を、言語で記述する必要はなく、「猫」に変換されるんです。これはすごい。つまり、言語的なタグや変換をはさまない。一回も言葉では表現していない。ここが丸で、ここが四角などとは言っていません。だから、「image to image」で対象物になってしまうんです。

清水　グーグル翻訳のＡＩが、学習していない言語でもかなり翻訳できてしまうという話もあったね。

落合　ゼロ・ショット翻訳(13)とか、cycleGANとかもend to endの事例です。それといっしょで、世界は「image to image」に移行しようとしている。つまり、「image to image」は、「こういうやつなんだよね、なんていうかわからないんだけど」、「ああ、これこれ」みたいな世界です。だからそこには、検索ワードによる抽象化がなくてもよい。言葉による世界解釈ではなくて、目で見た波動を時間差をかえて波動出力すると、一回も抽象化しないでできる。今までは波動を受けたら、いったん抽象化レイヤーに保存しておかないと他者とコミュニケーションできなかったんですが、目で見た波動を直接手でこのように書ければ、「こんなの」、「あ、これ知ってる！」となる。記録をいつでも取り出せる世界にも近いかも。

清水　直接事物に打ち返してくる。

落合　そう、打ち返す。これには名前はつかないですから。

清水　言語的主体が複数の多様な現象を全部解消してしまうんじゃなくって、現象の方から来たものを、打ち返して、さらに出口もまた現象で、また別な形を採りつつ伝わっていくという。経験一元論の世界を自然科学が記述し始めている。出来事の理由の分析的解明だけじゃなくて。

落合　こういうことが可能になってくると、言語をもつ必要が減ってくる。だから「こいつ、これだよ」みたいな、「あー、それか」みたいなことが入っていると、言語的なわれわれと違って、一回抽象空間に送ってから戻すみたいなことを、ほぼほぼする必要がないんですよね。それっておもしろいな、と思うんです。だから、「現象to現象」でコミュニケーションしている動物などは、独特の文化や独特の音楽をもっているかもしれない。音楽というのは、僕のホログラム的言いまわしで言えば時間と空間の刺激みたいなものですね。イルカからすれば、人間のことをスマホという「板」とサルだと思っている可能性すらある。だから、スタンリー・キューブリックの「2001年宇宙の旅」（図3-4）のサルがモノリスにポンポンやっているように、[14]今もたぶん彼らにはそのような感じで見えているかもしれない。一〇〇〇年ぐらい経てば、彼らも水のなかにもぐるんじゃないか、という気がする。

これに近い話題でおもしろいニュースがあるんです。ここ一〇年、

図3-4　《2001年宇宙の旅》1968年

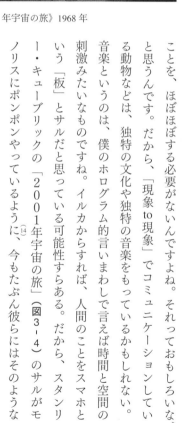

二〇年ぐらい、マッコウクジラが人間に対してすごく友好的なんですって。捕鯨されていたことを覚えているマッコウクジラの親世代が死んで、子供クジラに捕鯨の話をするクジラがいなくなったというのが原因と言われているんですけど、これってめっちゃおもしろいと思っていますo 昔は腹いせに、漁船に体当たりするクジラがいたらしいけど、最近はそういうのがいないんですって。「もう忘れた」のかもしれない。

われわれのやっていることが理解できない海洋生物にとっては、おそらくわれわれはクマぐらいの存在にしか思われていないんです。人間もよくクマに殺されるじゃないですか。クマによく殺されるんだけれど、別にクマのことを絶滅させようとは思っていないですよね。たぶんそれと同じようなもので、クジラも「たまに人間に殺されるけれど、別にそういうこともあるよね」みたいな感じにしか思っていない。「ホオジロザメより、天敵感はないよ」みたいな（笑）。

上妻　じゃあ、アーカイヴはないという可能性がありますか。

清水　記憶はどうなってるの？　割合とはかなく消えてしまうんだろうか。

上妻　世代間記憶。

落合　世代間記憶があるところとないところがあるようです。シャチは、生息集団によって言語が異なるらしいので、異なった海にいくと言語コミュニケーションがとだえるらしい。アーカイヴがあるかどうかは、マッコウクジラの例では、ない個体集団が結構あるようで。ただ特定の文化、たとえば挨拶をする文化などは、世代間を越えて残っているそうです。だから、「捕鯨」というのは、世代間アーカイヴのなかでは比較的薄まりやすいところにあったんだろうな、と思います。

上妻　いま話していて思ったのは、シンボル化は、別に悪いことではなくて、ある種のアーカイヴィングをしていくときには有効なものとして残っている。もちろん別の領域として、「image to image」のコミュニケーションの開発はこれから必須になる。これまでは検索ワードを見いだせる教養がある人だけが、深い情報にたどりつけて、それ以外の人ができなかった。それを回避するために、「image to image」が使えるとその教養格差もかなり小さくなる。

落合　そうですね。言語で言うと法律などの話が一番強い。「image to image」で、「これこうしたらどうなるの?」、「ダメです」とか言われるのは、もはや言葉の問題じゃないんですよね。つまりイマジネーションの世界なんです。たとえば、VR運転とかしていて、「ここでひき殺したらどうなるの?」、「死刑80%」みたいなものとかは、「image to image」で変換可能かもしれないですね。

「ともにググろう」の世界

落合　最近ツイートしたことなんですけれど、昔「ググれカス」という言葉があったじゃないですか。でも、いまは「ググれカス」で解決しないんですね。いまは「ググってもカス」か、「ググるともっとカス」なんですね。「ググってもカス」は、情報に辿り着かない人で、「ググるともっとカス」は間違った情報を得て悪化するタイプの人なんです。だから今は、「ともにググろう」の世界、と僕はよく言っているんです（笑）。「僕とともにググろう！」みたいな。

清水　授業でレポートを書いて貰ったりすると、本当にそういうことが結構あるね。物事の構造や結びつきをひとまとまりで説明したことを、全部キーワード単位でバラバラにして検索してしまう。そうすると、一番単純な説明で、一番わかりやすいやつを拾ってくるんだよ。「ともにググろう」は親切だなあ。

上妻　ダメなのは、言語構造においてはある種の教育が必要で、そうじゃないと表層にあるフェイクニュースにひっかかりすぎて、ググった方がよりバカになってしまう。それをいかにして解決するのかっていうときに、教育以外の方法として、「image to image」みたいなものが使えるし、あと……。

落合　「symbol to phenomena, phenomena to symbol」（シンボルから現象、現象からシンボル）みたいな。

清水　やっぱり「image to image」というのは、それじたい一種の推論過程、アブダクションでもあるってことかな。人文学にももともとイメージを通じた教育の伝統というものがある。高山宏さんが最近熱心に紹介しているスーパー・スコラー、バーバラ・スタフォードもそういうのを再興しようとしている。

上妻　僕は、検索だけで解決する問題はほとんどないと思っています。今の段階だと、機械上で現象を直接経験することはできないわけだから、自分の知らない情報や経験をもっている他者と共に研究なり制作ができる能力と、言語を見つけ出せる教養と、アーカイヴにアクセスできる能力はかなり近いところにあって、それができない人間が、グーグルをいくら使えたところで、カスからカスに移動するだけで。

落合　「ググれカス」から「ググってもカス」へと移動する。

上妻　だからあまり意味がないっていうか。

落合　シンボルと紐付ける「symbol to phenomena」、「phenomena to symbol」の問題について、「ともにググろう」の世界では、どのようにしてやるかがとても重要です。「ともにググろう」

って、僕好きなんです（笑）。うちのゼミは、ともにググりながらじゃないとゼミが成り立たない。僕がなにを言っているかが、一年生には一ミリも理解できないようなんです。僕が言っている言葉は、検索クエリにすらならない。

清水　検索してますますわからなくなる人って、結局全部単語にしちゃうんだよね。わからないのは単語の意味だけで、それに一番単純な説明がついているのがいいと思ってしまう。でも大概、そういうのは乱暴な要約だったりする。

落合　そう。言語にしちゃう。

清水　単語や用語がわかればなんとかなるかと思って検索をかけるんだけど、「ワード to ワード」になっちゃうから、語られていた文脈が解体していくだけになる。いくつかの用語を結びつけている、経験とか構造とかを復元するつもりでググらないといけない。

落合　「肌感覚 to 肌感覚」が成立するようにならないと研究というのは、できないんですよね。だから、「肌感覚 to 肌感覚」を作るために、ひたすら横でグーグル検索をしている学生がいて、その横にはひたすら議事録を作っている学生がいます。

上妻　落合くんの研究室にいるっていうことは、まだ他の人よりはるかにマシだと思って……。

落合　教育はされていますからね。

上妻　いや、というのは、落合陽一という存在を肌感覚で感じることで……。

落合　その点はうちのゼミはすごく効率化しつつあって、ゼミの教室――ゼミ生が五〇人ぐらいいるので、講堂でやっています――に三面ディスプレイがあるんですよ。そこにスライドを映しだして、ゼミの発表者がいて、議事録を作る人がいて、検索する人がいます。だから僕が、たとえばマイクを使って話しているんですけれど、僕が「それはホログラフィックに解くより、メタマテの問題で解けるよ」と言う。それでだいたい指導は終っているんですけど、たぶんゼミ生は一ミリもわからないんですね。「ホログラフィックに解くより、メタマテの問題で解ける、落合」みたいに書いてあって、こちらでは「ホログラフィック」、「メタマテ」といった言葉の検索結果をだしながらイメージを伝え、「ああ、なるほど、なるほど」とゼミ生にわかってもらうんです。

上妻　なるほど、効率化されてる。

落合　こうやらないと指導が成立しないんです。時間がない。つまり、言語を対象に対してわかりやすくほどくことをする時間がとれないので、それを敏捷にビジュアルに落とし込みつつ、こいつが反復可能な形でアーカイヴに落とすんです。

清水　教育にもイルカの集団のようなシステムを採りいれるということか……。でも、気がついたらずいぶん内容が変わってしまっていたりする可能性もあるよね。

上妻　アーカイヴ化は重要だし、イメージ化も重要ですよね。

落合　イメージ化が重要で、言いたいことを確認しながら、インタラクティヴにやりますね。

清水　ヨーロッパとかだと、学生が講義録をかなりの速度で全部作ってしまったりする。実際には生涯で四冊ぐらいしか書かない哲学者も多くて、ヘーゲルなんかもそうだけど、全集は膨大に残っている。ほとんどが学生がまとめた講義録なんだよね。構造言語学のソシュールの主著『一般言語学講義』とかも文字通り講義録で、まとめた人の解釈がかなり入っている。言葉の世界だから。

　ティーチング・アシスタントみたいな人は使っているの？

落合　いえ、全員ゼミ生です。ゼミ生全員が相互補完的に会話している。だからSlackを見るとすごくおもしろいです。このような全員がイメージで会話ができる資料をひたすらあげつづけているんです。僕が監督しなければならないチャンネルがかなりあるんです。つまり、僕がやっているプロジェクトですね。たくさんあるプロジェクトを全部Slackで見ているわけです。これを一日中見ているから、「デジタルネイチャー」研究室にいる四〇人の世界認識を、僕の脳内で補完しつつ、どういう推定を誰がやっているかというのを見ながら、「あー、なるほどね」と考える。僕が見たものに関しては、僕のマークをつけます。「落合は承認しました」といったような印です（笑）。効率化されているんです。だから、メールは一秒も打たないし、LINEも一秒も使わないけれど、すごく効率化されたプログラマブルな世界観で動いているので、とても効率的なんです。

人類イルカ化計画

落合　僕は、最近「人類イルカ化計画」と言っているんです。「イルカ・クジラ・シャチ計画」みたいな。

きょうの話に出てきたユヴァル・ノア・ハラリの『ホモ・デウス *Homo Deus*』に戻りますが、要するに僕の今の計画では超人化はしていないんです。イルカ化しているんです。つまり、イルカ化すると文明をフィジカルにもたなくなるし、脳内のヴァーチャル・イメージの変換のみで世界を片付けようとするんです。でも、われわれもフィジカルな構造物を作らずに、いろいろなところで外装をLEDにすることによって、波動だけを使ってそこにモノがあったように記述しようとしている。空港などに行くと、壁一面がLEDになっていたりしますよね。つまり、そこには構造はなにもなくて平板しかないんだけれど、そこにわれわれが可視光で感じられる構造だけを作って、イルカ化しているんです。超人化はしていないです。イルカ化しているんです。このロジックは結構おもしろい。一見超人化しているように見えているのは、人間のなかで超人化しているだけであって、ほかの生物からしたら逆に縮退化しているんです。可視光光線でプログラムされた世界にとどまろうとしている。

上妻　今の話って、最初の話につながっていて、落合くんは、イルカの視点を獲得しているんですね。

落合　そうそう、イルカとシャチ。最近は犬も好きです。

上妻　さっき落合くん、犬は人間とは違って、目ではなく鼻を中心に世界を把握しているから、犬の世界はインターネットなんだという話をしてたじゃないですか。それも視点を交換することでわかることですよね。近代の世界観だと、人間を超人化することの意味は、結局人間をベースに、人間がもっとパワーアップするとかそういう話ですよね。

落合　それはクールじゃない。ネイチャーとイルカを敵対的生成しなくてはならない。

上妻　今いっている話って、イルカの視点から見た世界をもう一度人間に包摂しようということを考えていて。

落合　人間自体の解像度レンジをあげようとしています。

上妻　そのためには、さまざまな動物の人間以外の構造をもった動物の視点を取り入れて、それを再度人間の側に包摂することによって、人間の世界はより、豊かになる。

清水　なるほど、パースペクティヴの相互包摂が真の意味での超人化だと。

落合　そう。空間解像度が増すから、人間の観測可能範囲の外側までデジタルネイチャーが広がるようになると、この観測範囲の外側に空間をプログラミングして人間に対して与えたりする、といったようなことができます。内は外で外は内に。

上妻　そのために結局、イルカの視点になったりとか、さまざまな視点を取り入れながら、デジタルネイチャーを豊かにしていく、という方向性に進んでいくわけですね。

落合　そうそう、「nature to nature」。「phenomena to phenomena」の変換プロセスが、人間が基軸の「phenomena」ではないというところで。

上妻　そう。それによって複雑性を獲得していくはずで、デジタル世界ではそういったことが今後重要になってくるというのが、僕の考えです。

清水　それはさまざまな文化圏で、シャーマンがやろうとしてたことだよね。魔法使いはまたシャーマンを目指す。

落合　僕が見ているこの世界の図は、最近ずいぶん淡白になりましたからね。だから、チームラボの作品とかを見ていると、僕にはさっきの「2001年宇宙の旅」のように見えます。モノリスの前でチンパンジーがざわざわしているけれど、海の生物には可視光が見えないから「なにしているか、まったくわかんねぇな」みたいな感じなんです。つまり人間はモノリスに網膜をはりつけているじゃないですか。それで、ここに光をはりつけているだけなんだけれど、ほかの生物はそういう感覚器で動いていないから、ぜんぜんわからない。物質はわかるんですが、波動がまったく違うんですね。つまり、人だなあ、と思うようになったんです。チームラボのようだな、と。

清水　これは最初に上妻くんが、言ってたことでもあるよね。三番目の視点、インターフェイスを出して、今あるパースペクティヴをさらにどう捉えるか。

落合　この波動領域というのは、人間特有なんです。この波動領域は、生物によって異なるんですよ。ようするにレンジが異なる。けれども物質領域は、異ならないんです。つまり、どの波動で検出するかということであって、物質のほうはあまり異ならない。知能のほうも、じつは時間関数だからあまり異ならない。でも、使う波動がかわってくると、性質が微妙に異なるので違う。問題は匂いです。匂いをベースとしている動物は、波動ではなくて物質ベースなので、そもそもロジックがまったく異なる可能性が高い。イルカは音と光で——ほぼ音だけど——コミュニケーションしている。人間も音と光でコミュニケーションしているから、波動に関するロジックはきわめて近い可能性が高い。けれども、匂いやケミカルなものなどの物質をベースにしている動物は、そもそも時間関数がかなり違う可能性が高いんじゃないかって。

上妻　そのいろんな視点を、いかに科学的に記述して取り入れていくかっていうことですよね。さらにそれをデジタルネイチャーのほうに包摂していくことによって、より豊かになっていく。

清水　今、人類学では多自然論ということがよく語られているけれど、デジタルネイチャー自体が多自然であり、複数の異質なパースペクティヴの記述を目指していて、そこで技術によって、まさに魔法を見せてしまおうと言うわけだね。

上妻　犬の自然とかを、犬の感覚をいかに自然に取り戻すかとか、そういったことをしていくためには、結局、近代が定義した人間のシステムだと……。

落合　標準化した人類をベースにしているから解像度が狭すぎるんです。

上妻　ネイチャーを複数化する。いや、複数化っていうか、そもそも標準化できないんですよね。まず人間っていうフレームを拡張する必要がある……。

清水　デジタルネイチャーのうちに、可能世界論みたいな要素がもともと含まれていたのを、こんな風にアートとしてミニマムに体験させることもできると。

上妻　可能世界論の問題は、人間がいてコウモリがいて、コウモリと人間は違うんだから、コウモリの可能世界が存在して、人間の可能世界が存在してさまざまな世界があるよねっていう多文化主義の話になるわけですよ。でも、今話をしているのは、コウモリの可能世界をいかに人間の可能世界のなかに取り込むかっていう話で……。

落合　変換するか、ということだね。

上妻　そう、変換するかっていうところがポイントで、複数化するってことでもなくて、多層化していくっていうか。

清水　それは相互入れ子的にってことだよね。可能世界というと、たしかに多自然論とは違ってしまう。これは僕の言い方があんまりよくなかったな。ちなみに、メイヤスーが「偶然の必然性」というのを、ただ「この世界とは別様な世界がありうるのだ」という、いわば可能世界としての「別様な世界」の話と思っている人が多いけど、違うんだよね。むしろ多自然論的なズレの話をしている。われわれが生きていて、即自的に捉えている世界以外の、人類が生まれる以前の世界とか、われわれの死後の世界にも、彼はまだミニマムな相関性は残っていると考える。そう考えないと、素朴実在論になってしまうから。しかもそうした隔絶した世界を、非即自的に考えるってことは、入れ子にするってことですよ。ある一つの相関性に回収するんじゃなくて。それが、「世界が別様になる」ということであり、また彼があらゆる死者の復活という奇妙な議論をしているのも[15]、こうしたミニマムのレベルにおいては他の相関性に回収されない、脱去している、不可侵だということを考えているんです。

上妻　そうですよね、入れ子的に複数化してあるっていうことを理解することで、はじめて多自然を実感できる。そのためにはある種の操作が必要で、操作なしで説明してしまうと、複数の可能世界論になっちゃうんですね。近代化された人間が多自然論なりデジタルネイチャーを理解するには、操作の概念が必要で、それで変換していくっていう概念が必要で、それをしないとなかなか実感できない。ヴィヴェイロス・デ・カストロが言っていることで僕が納得できるのは、対象化するだけでは辿り着けていなくって、取り入れたあとに獲得された自然っていうのが人間のなかにあるっていうのが、じつは重要なんですね。二つの視点があるっていう。

清水　そのズレと、脱去をすでに包摂しているのが大人であるという。

上妻　そう、大人の概念をじつは変えなくちゃいけない。包摂できる人間のことを大人って呼ばなくちゃいけないですね。去勢されたとか社会化されたとか、そういった言葉の定義ではまったくなくて、それは二〇世紀的な大人の概念ですから。

清水　包摂される側からすると、それは「脱去した」物になる。それが本当の自然だし、ある意味成仏する。

落合　物質は、それ自体が揺らがない。

「アリスの時間」の時間

清水　そういえば、また作品に戻るけれど、「アリスの時間」（図3－5）っていうのがあったよね。その作品、見に行ったんだけれど動いていなくって。

落合　夜しか動いていないんですよね。

清水　そうそう。あれは時間のどういう関係を表わそうとしたものなのかな？　時間の並存性みたいなもの？　デジタルネイチャーと時間というテーマがまだ残っているんじゃないか。

落合　あれは、動いていないものから動いているものを作り出すということをまず考えました。あれはすべて固定されている時計だから動いていないじゃないですか。結像系でアニメーションを作るということをしているんです。

清水　立体アニメみたいな感じ？

落合　いえ、平面アニメです。レンズで結像系が上にのっているので変換されるんですね。レンズの変換系のなかに、開放光学系だから人間が入り込めるんです。人間がこちらに写像されて、これも動くんですよね。

清水　あー、なるほど、なるほど。動いていなかったからわからなくって。

落合　あれは、動いているものを見ないとまったくわからないですね。エジソンがやらなかったことをやろうと考えて作ったシリーズなんです。一つひとつは止まっている時計なんですね。止まっている時計に当たる光の場所が、変わっていくことによってアニメーションが作れる。壁にアニメが出るんですよ。

図 3-5　《アリスの時間》2012 年

清水　見ている人が入ると、具体的にはどうなるんですか？

落合　つまり、このなかで、人間が干渉空間に来ると、こうなりますよね。この状態では、まだインタークロスとかは起こっていないんです。でも、この人がこうやってやってくると、この人の影自体もクルクルと回りはじめるんです。このフーリエ変換面を通じて、この人自体も影写像になるんです。

清水　これ、全体がディスプレイで、そのなかに入っていく、そうすると、観測者に応じてバラバラに時間が流れる……。

落合　そうなると観測点がないかぎり、コンセンサスとなる時間が存在しないんです。光がついたときに、はじめて時間の「一刻」なわけなので、全部に共通した時間が流れているわけでもないんです。

清水　なるほど、なるほど。パースペクティヴの相互包摂の話や、イルカの話はどちらかというと空間的なニュアンスが強かったから、時間はどうなるんだろうと思ったら、表現としてはそうなると。

落合　われわれはセンサーを同期させて動くので、共通の時間感覚をもっているように見えるけれども、主観時間は同じ感覚で動いていません。静物で時間を作る、ということをやりたかったんです。

清水　うーん、なんというか……。ディスプレイと場所、そうだ、場の問題でもあるよね。

落合　普通このような空間というのは、視野はプロジェクターのなかにおさまっているんです。液晶面があり、ランプがあり、光学回路があり、投映されるので、ここにおさまっているんですけれど、光学回路が開放系なので、ここに人間が入っているのと同じ状態になってしまっているんですね。

清水　それを第三者の視点から見ている？

落合　そうですね。自分から見ると、自分が動いて見える。けれどもこれが止まった瞬間に固定して見える。そして、アニメーションでもなくなる。というような、対象を動きと人間の関係性を開放光学系で作ったらおもしろいな、と思っていたんです。

清水　作品一個一個がサザランド的な問題を継いでいるんだろうけど、何を言いたいのかな、と思って。『魔法の世紀』を見ると。哲学的な意味で引っかかるんだけど、掘り下げて考えようとするとむしろ作品として作っているものがヒントになるのかな、と。

落合　そんな感じです。時空間性のなかになにを挟み込めるかということです。ここに非常に興味があったので、作ってみました。

清水　あえてそういうものを作らないと、わからない構造があるんだよね。

落合　それはありますね。

まず物を作る——プロトタイプからの思考

落合　最近うちのラボでやった研究で、とてもおもしろいのが「ディープウェアー」です。「ヨウジヤマモト」の服を一七〇〇枚分ぐらいディープラーニングに入れて、乱数からコレクションを作ったら、それらしきものができるようになったんです。山本耀司さん本人に見せてもだいぶ反応がよかったので、かなり本物に近いものができたんだと思います。これは単純にディープラーニングが対象の問題を解いた、というわけではなくて、人間が実際にやってきたことが、脳の外側に外部化されてきたことを表すんです。その人の脳は外部写像にすでになっているから、それを見せて山本さん本人にフィードバックするという「超プロセス」がしたかったんです。まだ、そこまでは、論文にならないんだけど。

清水　全部、思考実験なわけだね。

落合　思考プロセスを、フィジカライズしているんです。それでできてしまったので、「もう思考実験前の世界には戻れないでしょ、みんな」みたいなことです。それを片っ端から作っているんです。物質は結構強いですからね。

清水　それができたあとから、考えるなら考えろ、と。それは、フランスの哲学者エリー・デューリングが言う、プロトタイプの話と一緒だな。多様な解釈に開かれているというだけのコンセプチュアル・アートを批判して、デューリングは作品は何より「プロトタイプ」という性格をもつものじゃないといけないという。まずそれがあって、後からその用途がさまざまに見出されるような作品。批評家になるな、まず手を動かせ、物を作れっていう落合くんのモットーは、プロトタイプを作れってことなんだな。ストラザーンにとっての「道具」もそういうもの……。

上妻　作ることの重要性っていうのは、モノが立脚点になってフィードバックループが発生することにもありますね。だから、さっき落合くんが言ったみたいに、山本さんに見せるわけじゃないですか。立脚点になってそこからフィードバックループが生まれて、だからプロトタイピングの重要な……。

落合　クリエイターの本気が伝わる。なんと山本さんが、見るために眼鏡をかけだしたんです。とても貴重な思い出ですね。

清水　《文脈のゲーム》じゃなくて、《原理のゲーム》と言ってるのも、解釈のアートからプロトタイプのアートへ、ってことなんだな。

落合　原理的に起こってしまっているから、もう無視できないでしょう、ということです。

清水　エリー・デューリングの日本における決定版の本を出そう、っていう計画があって、僕が編訳ってかたちで全体を統括するよ、って言ったら本人もすごく喜んでくれた。さっき言った解釈偏重のことを、彼はロマン主義の延長だと言うんだけど、結局それは「言語 to 言語」の解釈がどんどん続いていくのがロマン主義だってことでもあるよね。ポスト構造のエクリチュール論もまさにそうしたもので、やたらに批評家願望の強い人ばかりいる。

落合　「これであってますか?」と聞いてくる学生がいたとして、「だって、これを今年のコレクションで発表してたから、あっているよ」といった世界観ですね（笑）。

上妻　だから立脚点ができることで、操作可能性も生まれるんですよね。自己模倣におちいるっていう批判が生まれてくることも想像できるんですけれども、それは結構まちがっていて、それを基盤にして異なる場所に操作していく。

落合　そう。ここに「ハローキティ」を入力したら、「ハローキティヨウジ」みたいなものができるし、また逆に人間がけっして思いつかないパターンを作ることも可能なんです。

たとえば、モンシロチョウの柄を赤外線スペクトラムにして、それを突っ込んだものもできる。つまり人間の想像の範囲外のものを作ることもできるんです。そういうものを可能にするためには、一回知能をデータ化しないといけません。人間の脳を外在化して作品にしたものを一回コレクションすると、脳から脳を取り出すことになるんですね。イルカ風のものを作ってみよう、といったこともできる。そういった自己模倣ではないものができるんです。

上妻　操作可能性が生まれるんですよね。

落合　そう。操作可能性が生まれる。これがおもしろい。そんなことばかりやっています。デザイン業界に新しいものを提案する（笑）。

行動ある自立の世界には潮目がないんだよね、「DO!」「やれ!」

上妻　それにしても、きょうは顔色がよさそうだから、よかった。

清水　この座談会で三回会ったけど、一回死にかけていたときがあった。

落合　あのときは朝まで論文を書いてましたからね。きょうは論文は書いていないから大丈夫です。来週なんですよ、忙しいの（笑）。

上妻　でも、なんか結構いい感じの終わり方になったという感じがしますよね。

落合　本当に大切なのは、「現象to現象」ですよ。言語に一度ハマってしまうと、もうダメです。

上妻　僕が最近考えているのは、未来において重要なのは、やっぱり、プロトタイピングをして立脚点をつくって、操作可能性をつくって、それを人間的な視点だけじゃなく、さまざまな生物の視点をとりこんでいくことによって、操作可能性を拡張しながらそれをさらにものにしていく、っていう。

落合　コンピューテーショナルというのは、メタ生物という意味とほぼ近いですからね。つまり、コンピューテーショナルなものは生物になる一歩手前の知能でできているんです。波動は生物によって使っているものが異なるけれど、知能のフレームは神経系というほぼ同じようなものを使っている可能性が高いので、マルチバイアスにできる。

最近、『輪《まわ》るピンクドラム』の名言ｂｏｔのなかのこれが非常に名言だなと思っているんです。「世界は幾つもの箱だよ。人は体を折り曲げて、自分の箱に入るんだ。ずっと一生そのまま。やがて箱の中で忘れちゃうんだ。自分がどんな形をしていたのか……」。これは近代化の裏返しですね。この箱を打ち破るにはコンピューテーショナルなものが必要である、ということです。つまり、多様化する社会を作るには、箱という標準化をパラメタリゼーションして、ダイバーシティをあげていかないといけない。

清水　違う箱があるよ、ってことだね。サザランドの「部屋」みたいな。

落合　そう、違う箱がある。

清水　結局、哲学も人類学もアートも技術も、同じ方向へ二一世紀は、行きつつあるという確信を僕は得たな。

落合　行っていますよ。脱近代です。コンピューテーショナルです。

清水　とはいえ、二一世紀は変わるんだろうなって自覚できていない人も多いよね、ドッグイヤーで変化してさえいるのに。でもただ変わるだけじゃなくて、近代以前のものが蘇ってくる側面もたくさんある。そこに気づけるかどうかが大事だね。

落合　僕の脳内は、完全に脱近代してしまったので、ぜんぜん話があいませんね（笑）。『デジタルネイチャー――生態系を為す汎神化した計算機による侘と寂』（二〇一八年）の最後のまとめをしているときに、編集の宇野常寛さんが「批評家、失業するじゃん、これ！」という話になりましたね（笑）。つまり、「批評」という概念が、実装のあとにしか存在しないから……。

上妻　批評って概念が、なくなるんじゃないですか。

清水　あんまりあれが肥大化しすぎていたもんね。

上妻　批評って近代主義なんです。

落合　そうです、近代なんです。人間の解釈をつけないと社会が前進しない、という思い込みで成り立っているんです。アウトプットが出て来て、そのあとに批評という流れになっています。今までの批評はアウトプットを生み出すことにはまったく寄与していないので、もうあまり必要ないかもしれません。クリエイションとしての批評が要る。

清水　それがまさに、僕がずっとポスト構造に感じていた違和感なんだよ。

落合　「言語 to 言語」のボトルネックに、批評が見事にはまってしまっているんですよね。

清水　もともと近代批評自体、小林秀雄には危機感があったし、批評をやっていることへの羞恥心があった。理屈はこねてるけどお前に物が作れるか、とか、青山二郎[16]に酒席でいじめられて泣かされたりする。それを大岡昇平が見ていて書く（笑）。青山なんかまさに、比喩じゃなく人間を超えた「眼」をもっている人としてリスペクトされていた。「審美眼」とかじゃなくて感覚器としての「眼」。彼らみたいな高級な友情の世界が、八〇年代以降にはインテリの自己宣伝になり、さらにはその亜流になってしまった。近代以前の文化の最良のエッセンスを引き継ごうとする意思が戦前にはかなり残っていたけれど、言語論的転回の時代に不当に貶められていった。あれは、文化大革命の日本版みたいなものだった。もっと自前の文化を蒸し返していかないといけない。

上妻　批評的な役割もアップデートが必要で、本来は作品の可能性の中心を抉り出して、さまざまな実践につなげていけるような仕方で相互生成しなければならないのに、いまだに上から目線でえらそうに価値判断するのが、批評だと思っている人が多い。

落合　狭い批評界のなかに存在するアートというのはなにも生み出さないから、もうそのままでいいんじゃないですかね。いや最近は正直に言って、「もういいんじゃないかな」と思っています。

清水　作品も作品だけど、エジソンみたいに、まったく有益に使えるものを発明しちゃおうっていう風にはなってこないの？

落合　僕は、最近はそういった感じですよ。

清水　やろうとすれば幾らでもできそうだよね。

落合　すでにかなりやっています。僕の「ピクシーダストテクノロジーズ」という会社は、資金調達した六億円を一気に投入してスケールします。そして、僕の講座を大学と会社の共同事業にする。僕が僕の会社の原資で雇用される教授になります。つまり、大学から給料をもらわない、という選択肢に移行するんです。

清水　そういえば東大からほぼ落合陽一名指しみたいな公募が出ていた。この条件が当てはまるのは落合陽一以外にいないし、暗に何時間でも働いていいよ的なことまで書いてあった（笑）。

落合　公募は出ていましたけれど、あれはどこかの研究室づきの准教授だったみたいなので、ちょっと違ったんです。最近は自分の給料を自分で払わない、というのは嫌だと思っていたので。だから、自分の会社で自分の大学の講座を作るところからやりたい。

清水　Uber みたいな仕組みを作って自分の富を築いている人っているじゃない。いっそああいうふうになって資金獲得するということは考えたりしないの？

落合　なりたい、というよりも、資本主義のキャピタルゲインはうまく使っていこう、と考えています。

上妻　生産手段は、明け渡しているより自分に取り戻した方が自由ですからね。

落合　ですから、いろいろなところと業務提携をしようとしているんです。一気に攻勢に転じますよ（笑）。

清水　これまではまだ攻勢じゃなかったと。

落合　いままではちょっと「哲学」していたので、フェイズを変えようかな、と考えています。

清水　それは、ビジネス的にということと、大学のあり方、社会のあり方を変えるために積極的にポジションを取っていくということだね。

落合　そうです。攻勢に転じます。最近は、大学と共同事業する話しかしていない（笑）。大学は一円もくれなくていいんです。

清水　うーん、おもしろいなあ。二〇代、おもしろい。

落合　ようするに、年間で何千万か原資を入れてそれで走ろう、ということなんです。また調達しますけれど、とりあえず六億円を調達したので、四、五年は大丈夫でしょう。「死の谷」を、それで越えちゃうなら関係なくなる。

清水　よく失われた二〇年とか言うじゃないですか。あれってやっぱりかなり失礼な言い方で、実際はそこで育って来た人よりも、むしろ四〇代、五〇代のほうが失われているんだよ、人的資源が。

落合　僕はなぐりにいっていますからね。攻勢に転じているので……。

清水　潮目がかわってるんだけれど、停滞してると思っていて、自分が死ぬまでそれが続くと思っている人たちがいる。

落合　行動ある自立の世界には、潮目がないんですよね。「DO！」、「やれ！」みたいな。

清水　まさにそうだね。ドボンと水に飛び込むような気力がない。あまり積極的に発言しにくい雰囲気もありがちだし。

落合　「そんなのは大学でナントカだ」とよく言われるんですけど、「僕の分の大学の給料は僕の会社が払っているからな」と思います。つまり、そこは対等な契約なので、大学でなにを発言してもぜんぜん関係ないはずなんですけどね。

上妻　逆にそうじゃないと、内輪の論理も働きますし、大学において自由に発言できなくなったりするわけですね。

落合　しかも、それをうちの部局から言われるんです。「学長補佐のポジションとしては、各部局のこととかはどうでもいいんだよな」といった話になるんですね。ようするに構造が入れ子になっている。

清水　そう考えると、まず経済的に自立することが自由や独立の根本だということを繰り返し主張していた福澤諭吉は偉かったよね。

落合　だから僕は、福澤諭吉の復習をしているんですが、ようするに言語を再発明しなくてはいけないんですね。このままだと日本語がほぼほぼカタカナになってしまうし、今の日本語の多くは近代語なので、そうした日本語で議論しているかぎりは近代からも脱出できない。だから僕は、近代語の起源を探るために、仏教の復習もしているんです。

清水　自然（じねん）とかそういう言葉だね。

落合　そうです。だから仏教の復習をするのが重要なんです。たぶん僕らの次の世代の日本人と昭和の日本人とは、本当に言葉が通じないと思う。

「深層学習」というのはいい言葉で、ディープラーニングのことなんだけど、深層学習による事事無礙な世界観というような話が出てきたら、「同じ日本語のはずなのになにを言っているかまったくわからない」となるじゃないですか。でも、おそらくそれでいいんですよね。

清水　やっぱり華厳の法界縁起は大事。四法界説。

落合　四法界説、超大事。

清水　四法界説がいかに発展してきたか、一頃相当調べたんだよね。あれは『中論』から辿れるんですよ。

事事無礙法界とデジタルネイチャー

落合　僕は、デジタルネイチャーの「計算機自然」という言葉にも使っている「自然」という言葉の本来の意味は、結構いいと思っています。「自然」の意味は「おのずからしょうずる」だから、ネイチャーときわめて近い言葉なんです。でも、今よく使われるような意味での手あかのついた自然は、自然ではない……。今の自然はネイチャーなものはおそらくさしていない。あくまでも人工物の対比としてしか使っていない。

清水　「nature」って、ラテン語の「natura」（出生）に由来する言葉だよね。フランス語だと「自然」は「nature」で「生まれる」は今でも「naître」。なるほど結構近かったんで採用したわけか。老荘思想みたいな語感でもある。

落合　老荘思想のようなものなんですよ。そこはとても重要です。本来の意味での自然というのはかなりネイチャーなものと密接に結びついているんですが、今の自然という日本語はロハスの訳語みたいになってしまっている。でも、それはぜんぜん違う。デジタルネイチャー、つまり計算機自然は存在するんです。

清水　ところで、計算機っていう言い方に結構こだわりがあるじゃない。あれはどうしてなのかな？　やっぱり現時点でのインターフェイスのあり方を度外視して考えたいとか？

落合　計算こそが本質であって、それ以上でもそれ以下でもないんです。計算自然みたいなことです。

清水　すごいな、ライプニッツの世界観みたいだな。

落合　そう、ライプニッツの世界観に近い。計算自然。

清水　未来の哲学者は議論するんじゃなくて、石筆を持って石板のまえに座って、「さあ、計算しよう」と言って計算して決着をつける、っていうんだよ。

落合　ナチュラルコンピューテーションみたいなことですね（笑）。僕らのラボの世界解釈は、近代の人類とは少し違っているんです。「ほら、コンピューテーションしてるじゃん、水が」という考え方です。その考え方で波動を見ているんです。水がコンピューテーションをしているというのは、コンピュータの発明以後じゃないと存在しないギミックですよね。

　水がコンピューテーションしているおかげで、僕らは計算機リソースをかかなくても演算結果が手に入る。

清水　華厳の事事無礙もね、その境地を海の揺らめく波に喩えるっていうのがあって、海印三昧って言うんだよね。もともと仏教には水波の喩えというのがあるんです。海の波が、ずっと沖まで至るところで盛り上がったり、窪んだりするでしょう？　あれも前回話していた、インドラの網に喩えるんだよ。因陀羅網って言うんだけど、盛り上がってくるところを結節点。つまり事と捉える。そして他の波も結節点で、それらは縁、つまり関係で繋がっている。因陀羅網の結び目の一つひとつが鏡のような宝珠で、どれかをもちあげると他の宝珠が重々無尽に映し出される。仏教では相互包摂をそういう風に喩えるんです。もちあげられる宝珠も、相互に替わりばんこなので、その関係を一々相即相入とか、主伴依正とか、そういう風に詳しく分類してますね。華厳の理論は賢首大師法蔵という人が精緻に理論化したんだけど、『華厳五教章』とか、『金獅子章』でそういう議論をしているんだ。仏教思想の発展史を空海が書いた『十住心論』でも、華厳は密教の次に重要な思想なんだけど、やはりそこでも海印三昧は出てきますね。これがまさにイルカの世界かも知れない。

落合　ところで、事事無礙における「理」というのは、フィジカルなんですか？　それともヴァーチャルなんですか？

清水　理はね、事ほどフィジカルではないですね。

落合　フィジカルじゃないような気がしていて、ようするに関係性の記述ということですよね。

清水　関係であり、縁であり、空。鈴木大拙も「縁」のことを英語でリレーション relation

って訳している。結節点をくっともちあげたときに、あとの結節点とつながっている関係があるじゃないですか。そっちのほうの話です。

落合　でも、この「理」は、知能による情報的な主体がないと、リレーションというのは存在しえないですよね。なんらかの知的なプロセスで、人間には限らないけれど、知的プロセスがないと「理」が生じえないから。

清水　そもそも、今回の座談会の全体で、知性の定義じたいが変わってしまったよね。

落合　事事無礙になると、だから「理」を抜いてもいいっていうことですよね。

清水　理事無礙の段階というのは、さっきの喩えで言うとまだ海の側から波頭を語ろうとしている。縁というものにまだ重心がある。事と理が相互生成的にあるんだけど、事があっての理、理があっての事という形を崩していない。現代的に言うと、これだと二者が背反的にある、関係主義的ホーリズムになる。さっきのパースペクティヴの相互包摂の話だと、包摂されるパースペクティヴもすでに関係だったじゃないですか。そして飲み込まれたものは脱去した「物」になると。そして巡り巡って、相互の飲み込みあいのなかですべて「物」になるんだと。だから、関係はすでに「物」に織り込まれているし、この場合だと「事」にすでに「理」が織り込まれている。言われるべきなのは、「事」と「事」が相即相入、重々無尽にあって、しかも妨げあわない、それぞれが脱去して滅ぼしえないということなんですよ。

落合　なるほどね、わかりました。

清水　この前からの座談会を踏まえて、まとめるとそんな感じです。

落合　僕の博士論文は、「コンピューテーショナル・フィールド」がテーマです。ようするに、物質を無視してあいだの波動性だけで空間を理解しよう、というのが僕の博論なんです。そして、いま僕らが到達した考え方は、「デジタルネイチャー」。その「デジタルネイチャー」においては、「事」が先にあって、それで大体終るんだけれど、そこからコンピュータ解析するとたまに「理」が出てくる。

清水　なるほど、落合くんの理論的な深化がそれじたい、理事無礙から事事無礙に行こうとしていたんだね。僕は現代哲学をいろいろ考えながらも、これは西田もそうだったんだけど、やはり華厳を理論的に再構成しようとしていて、さらにもう少しアニミズムの土俗性をミックスしようとしている。すると密教になるんだ。空海の言う最終段階になって、ちょうどいいなと思っているんだよね。あとはこうして話してみて思ったのは密教にも、アニミズムにも、人間の感覚そのものを変えるという要素があったんだろうと思う。人間のパースペクティヴを抜け出す。そういうことをかつては薬物とか身体的修行で実現したんだろうけど、落合くんはそれをテクノロジーやアートでやろうとしている。こうしたすべてを、現実世界の単なる否定としてではなく位置づけ、文明が新しい段階に昇っていくことが重要だね。

落合　フィールドからネイチャーへ、ということです。フィールドだけで議論しようとするとちょっと足りないんですよね。だから、そこに知能を入れ込むことにしたんです。これで、ほとんどの問題が解決できるようになった。

僕らの会社が扱っている対象物は、今はメディアアートから医療製品開発まで扱っているので。だって、体内を音響ソナーに映し出すのと、空間に対象物の音波の形を作るのって非常に良く似た技術ですから。

上妻　波動でゴースト作れるからなあ。

落合　多分、ないものがあるように見せられたり……。

上妻　ないものがあるように見せられるし、あるものをないようにも見せられる。

落合　そこは観測するうえでは、一緒ってことですよね。物質があってもなくても、ある種の波動関数でそこにあることにできれば。

上妻　波動の位相と限度を作ることが、僕らには可能なので。

落合　できれば、あることといっしょになるから、ごまかせるっていうかだませるっていう。

上妻　そういう開発ロジックで動いているので、一気に会社をスケールしたんです。このあとドカンと、あらゆる既存のロジックを壊していきますよ（笑）。

落合　僕には今のアートが、過去の文脈に沿ってほめられようとする技としか思えないのでおもしろさを感じないものが多いですね。

落合　過去の文脈にそってほめられようとする技なんですよ。だから「とりあえずデカイものをぶちこんでおくか」みたいな。「これは壮大なアートだな」となる。

上妻　そういうところは、非常に近代的な枠組みなんですよ。本当にアートをしたい人は、アートをするべきじゃないんですよ（笑）。

落合　本当にそのとおり。

清水　ＩＰＳ細胞の山中伸弥さんが、僕がアーティストだって名乗ったらやばいよって落合くん書いてたよね。それおもしろいなと思って。

落合　そうなったら、どのアーティストもとめられないでしょう。

上妻　アートっていうのは、制度化された抽象空間のなかで過去に従って批判されたりっていう、基本的には非常に下らない力学で回っているものなので、正直、そういう勢力は無視したほうがいいと思いますよ。

落合　という力学を破壊する、というのが僕のスタンスなんです。

清水　哲学界もどうなんだろうなあ。

上妻　哲学界も似たようなもんじゃないですか。アート業界と似たようなロジックで回っているんじゃないですか。

落合　もうそういう人たちはいいんですよ。フィジカライズして、システムとして実装した奴が勝ちですから。

清水　今度の僕の本（『実在への殺到』）、決定版にしたいですね。今、グレアム・ハーマンとかメイヤスーが作りかけているものを、先に補って作っちゃうみたいな。

落合　『デジタルネイチャー』がでるんで。あれはいいですよ。

清水　『魔法の世紀』の続編だよね？

落合　続篇。連載はしてました。『デジタルネイチャー』はなかなかいいと。

清水　それ学生に読めって今から薦めてるんだよね。

落合　イルカ化する社会……。
　そろそろ行きますか。なんか、ビールでも飲みますか？

上妻　あ、飲みたい！

清水　行きましょう！

注

第1章　エジソンの夢、サザランドの夢

（1）　アーサー・ダント（一九二四―二〇一三）。アメリカの美術評論家、哲学者。「アート」とは何かという本質的な問いを、制度的かつ哲学的な観点から定義づけた。彼はその理論の中で、写真などのテクノロジーと近代美術の関係性についてもたびたび論じた。アンディー・ウォーホルのブリロボックスの卓越した解釈によっても有名である。

（2）　クレメント・グリーンバーグが生み出した、抽象表現主義以降の動向、作品群を指す用語。また一九六四年に彼自身が催した同名の展覧会。絵画的特徴として、中心や焦点をもたず、「地」と「図」が区別できないこと、物語性や内容をもたず、平面的で形式的であることが挙げられる。明暗法による奥行や、透視図法によるイリュージョンを否定し、中心的な幾何学模様や登場人物を排除することによって、あらゆるヒエラルキーの否定を試みた。代表的な作家に、バーネット・ニューマンやマーク・ロスコがいる。

（3）　一九八〇年生まれのドイツの哲学者。二〇〇五年にシェリング研究で博士号をハイデルベルグ大学から授与され、二九歳という若さでボン大学の教授となった。ポルトガル語や中国語をもふくむ多くの言語を

操り、専門的研究で高い評価を得るとともに、『なぜ世界は存在しないのか』が世界的なベストセラーになるなど注目されている。

（4） アメリカ合衆国の哲学者。一九六八年生まれ。カリフォルニア建築大学教授。対象そのものから哲学を始めるオブジェクト指向哲学（Object Oriented Philosophy）を提唱し、二一世紀の哲学のシーンで大きな注目を集める。

（5） ベクトルが一次元、行列が二次元状に数値が並んでいるのを一般化して、n次元状に数値を並べたもの。多次元配列を使うことによって、数値の並びとしてプログラム上で表現することができる。

（6） 相転移（phase transition）とは、ある系の安定的な相が別の相へと変わること。固体、液体、気体の相互変異のような構造相転移はよく知られたものだが、金属－絶縁体相転移、スピンクロスオーバー相転移、電荷移動相転移、結晶－アモルファス相転移などの、さまざまな相転移現象が存在する。

（7） 動画における一秒あたりに処理されるフレームの数のこと。fpsという単位で表わされる。このとき60fpsは、一秒あたりに六〇フレームの静止画を処理していることを意味する。もっとも人間の眼は、一〇〇―一二〇フレーム以上に枚数を増やしてもそれ以上は認知することができない。それは人間の目という器官の限界であって、自然がそのような仕方で成りたっているわけではない。

（8） ブラジルの人類学者。ブラジル国立博物館教授。フランスの社会高等研究院、シカゴ大学、ケンブリッジ大学でも教鞭をとり、世界的な影響力をもつ。『食人の形而上学』などの著書で知られる。

（9） イギリスの社会人類学者。ケンブリッジ大学名誉教授、一九九八年から二〇〇九年まで、ケンブリッジ大学ガートンカレッジの学長を務めた。パプアニューギニアやメラネシアをフィールドとする。『部分的つながり』、『贈与のジェンダー』などの著作がある。

（10） ボクセル（Voxel）は、体積（Volume）と画素（pixel）を合わせて作った語で、デジタルデータの立体表現の最小単位となる立方体のこと。ここでは、それによって作られた際だった表現のことを語っている。

（11）　現代フランスの哲学者、科学史家、文筆家。パリ大学、スタンフォード大学等で教える。アカデミー・フランセーズ会員。二〇世紀、二一世紀と世紀をまたいで活躍する百科全書派的哲学者である。『ヘルメス』I―V、『パラジット』、『五感』、『彫像』、『小枝とフォーマット』などの著作がある。

（12）　アメリカ合衆国の哲学者で、C・S・パースとならぶプラグマティズムの祖。『純粋経験の世界』、『宗教的経験の諸相』、『心理学原理』などの著作がある。その純粋経験論は日本の西田幾多郎にも大きな影響を与えた。

（13）　BRDFは、双方向反射率分布関数（Bidirectional Reflectance Distribution Function）の略。ある方向からの入射光が、各方向へどれだけ反射するかを関数的に表わす光の反射モデル。

（14）　フランスの現代哲学者。パリ西ナンテール・ラ・デファンス大学（パリ第一〇大学）准教授。『Faux raccords : La coexistence des images』、『Le futur n'existe pas: Retrotypes』などの著作がある。美学者でもあり、プロトタイプ論によって知られる。

（15）　平面上に一二本の線で立方体を描いたもの。重なる二本の線のどちらが上か示されていないため、どの面を前部とする立方体であるのか二通りの解釈ができ、奇妙な錯視が起こる。

（16）　アンリ・ポアンカレ（一八五四―一九一二）。フランスの数学者。数学だけでなく、物理学の分野にも多くの業績がある。彼の著作『科学と仮説』、『科学と方法』は、ピカソやアポリネールを含め、当時の詩人や芸術家たちにも大きな刺激を与えた。またアインシュタインも影響をうけ、尊敬する科学者の一人としてしばしば名を挙げている。

（17）　アメリカの物理学者アルバート・マイケルソンとエドワード・モーリーは、光を伝達する媒体と考えられていた「エーテル」を証明するために、光速に対する地球の速さの比の二乗を、きわめて高い精度で検出するという実験を行った。「エーテル」が実在しているのであれば、地球の運動によって「エーテル風」が生じることになり、風向きによって光の速度に差異が生じ、その差異によって「エーテル」の実在が証明されると考えたからである。結果として、実験の精度の確保は当時として大成功であった。しかし、そこで得られたデータは彼らの意図とは異なり、光速度が不変であるということを示していた。

これによって、「エーテル」の存在は否定された。アインシュタインの特殊相対性理論は、「エーテル」が存在しないこと、つまり光速度が不変であるという前提から導かれている。

(18) ドイツの数学者ヘルマン・ミンコフスキーによって考案された、アルベルト・アインシュタインの特殊相対性理論を定式化する枠組み。空間に時間を組み合わせた時空を表現するため、アインシュタイン・ミンコフスキー時空と記述されることが多い。時間を主題にした哲学の議論では、時間を静態的に扱っているとしてしばしば批判されることもある。

(19) エジソンが発明したキネトスコープに刺激を受け、一八九五年にキネマトグラフ・リュミエールを開発した。キネトスコープは装置のなかを覗き込んで動画を楽しむものだったが、キネマトグラフは映像をスクリーンに投影することで、一度に多くの観客に観せることができる。リュミエール兄弟は映画撮影そのものも行った。

(20) 天然アスファルトを感光剤として用い、鉛とすずの合金を支持体にして、カメラ・オブスクラ（穴を開けた暗箱）の内部で感光させる「ヘリオグラフィ」を世界で最初に発明した。「ヘリオグラフィ」は「太陽が描く」という意味である。

(21) 現代美術家。『カイカイ・キキ（Kaikai Kiki）』を主宰し、集団的な制作を行う。

(22) 村上隆が提示した概念。村上は日本の伝統画とアニメのセル画の特徴（平面的で余白が多く、奥行を排し、透視図法を用いていないなど）を抽出することで、いわゆるオタクの美意識を概念化し、自作を美術史に位置づけるだけでなく、技法的にもみずからの独特の立場を確立した。そこで見出された概念がスーパーフラットである。しばしば忘れられていることだが、重要なのはそれがモチーフの類似性によって創造された概念ではなく、技法の抽出によって生み出されたものだということである。

(23)　スーパーテクノロジスト集団。プログラマーだけでなく、サイエンス、テクノロジー、アートなどさまざまなジャンルのスペシャリストを集め、コンテンツ制作やメディアアート制作を精力的に行う。近年では狩野派などの日本画の伝統的な美意識を研究し、伝統的美意識とメディアアートの融合を試みている。

(24)　計算機学者。クロード・シャノンに師事し、一九六三年にマサチューセッツ工科大学で博士号を取得した。自動的に図形を描く描画プログラムSketchpadの発明者であり、コンピュータ・グラフィックス、ヴァーチャル・リアリティといった分野の偉大な先駆者。

第2章　近代の終焉

(1)　東京と仙台、ロンドンに拠点を置くビジュアルデザインスタジオ。CG映像、UI／UXデザイン、空間インスタレーション、プロダクトや建築にいたるまで幅広く手がける。自然とデジタル、現実と虚構、物質と非物質が溶け合う数々の作品によって知られる。

(2)　現代美術家。エレクトロニクスを利用したメディアアート作品をおもに制作し、二〇一〇年の第一四回文化庁メディア芸術祭では、立体的な影絵作品『10番目の感傷（点・線・面）』を発表し、アート部門優秀賞および芸術選奨新人賞（メディア芸術部門）を受賞している。

(3)　ヨハネス・ドゥンス・スコトゥス（一二六六―一三〇八）。オックスフォード大学、パリ大学で学び、精妙博士（Doctor Subtilis）と呼ばれた。スコラ学のスコトゥス派の祖。

(4)　高木貞治（一八七五―一九六〇）。東京帝国大学教授。日本の数学者で、整数論の分野で類体論の確立に貢献した。

(5)　イギリスの科学者ウィリアム・ヘンリー・フォックス・タルボット（一八〇〇―一八七七）が発明した写真技法。ニエプスの共同研究者であったダゲールが開発したダゲレオタイプによる写真が、一枚限りのもので複製不能であったのに対し、写真の複製を可能なものとした。

（6） フランスで一九六〇年代後半から一九七〇年代後半にかけて展開された思想的運動。構造主義を批判的に継承して乗り越えようとした。おもな論者にジャック・デリダ、ジル・ドゥルーズ、ミシェル・フーコーなどがいる。
（7） ユビキタス・コンピューティングやIoT（モノのインターネット）は、インターネットが電化製品から人類の知的環境にいたるまでどこまでも拡張していくという概念でしかないが、デジタルネイチャーは自然そのものの概念をコンピューテーショナルに拡張し、人間と機械の関係を根本的に問い直すことによって、それらの意味を変えてしまうものである。
（8） 一九九九年のアメリカ映画。コンピュータの反乱で現実世界が崩壊し、人類が仮想現実の世界で機械に培養されている未来の世界を描く。主人公は現実に覚醒し、仮想現実の夢のなかでハッカーとして使っていた名前「ネオ」を名乗り、コンピュータの支配から人類を解放する激しい戦いに身を投じてゆく。
（9） STEINS; GATE は 5pb（現 MAGES）から発売されているゲームソフト。テレビアニメや劇場版映画も公開された。複数の世界線が交錯するストーリーを描く。
（10） 一九九八年のアメリカ映画。離島シーヘブンで保険会社に勤める青年トゥルーマン・バーバンクは平凡で快活な青年だが、じつは生まれたときから二四時間の生活のすべてを撮影されており、その人生はリアリティ番組『トゥルーマン・ショー』として全世界で放映されていた。俳優たちに囲まれ、すべてが作り物である世界で、それに疑いを抱き始めた青年は島の脱出を試みる。
（11） 現代フランスの哲学者。技術と哲学、技術と社会の関係についての考察によって知られる。銀行強盗で五年間投獄され、獄中で哲学に目覚めたという異例の経歴をもつ。デリダに師事したが、ジルベール・シモンドンやハイデガーの学問からも多くを引き継ぐ。『技術と時間』、『象徴の貧困』などの著作がある。
（12） 一八一一年から一八一七年にかけてイギリス中・北部で起こった、機械生産の普及にともなう失業の不安に駆られた労働者たちによる、機械破壊運動。現代においても、あらたなテクノロジーが登場するたびに脅威論や規制運動などがしばしば起こるが、それらをラッダイト運動になぞらえネオ・ラッダイトと呼ぶこともある。

(13) 茨木のり子(一九二六—二〇〇六)。日本の詩人、童話作家、エッセイスト、脚本家。同人誌『櫂』を創刊し、清冽で激しい、心に響く多くの優れた詩を残して戦後詩を牽引した。

(14) ジャン・ボードリヤール(一九二九—二〇〇七)。二〇世紀ポストモダンの代表的思想家。現代の高度消費社会において消費されているのは、商品そのものの使用価値ではなく、一連の消費行動の記号的な価値であるとし、この消費じたいも他者の欲望を模倣しつつ自己を差別化するところにあるとした。

(15) 誰もがそこで血で血を洗うように激しく競争している既存市場のことを、マーケティング用語で「レッド・オーシャン」(血の海)と呼ぶ。いっぽう、競合相手がいない新しい市場は「ブルー・オーシャン」(青い海)と呼ばれ、生存戦略としてはこちらを開拓する必要がある。

(16) 対象画像を、「目は黒い」、「目のまわりは白い」といった、明暗からなる矩形のパターンの集まりに置き換えてとらえた特徴量。照明条件の変化といった影響を受けにくく、顔検出などに用いられる。

(17) C・S・パース(一八三九—一九一四)。アメリカの哲学者、論理学者。プラグマティズムの祖であり、記号的な推論のあり方を、「イコン」、「インデックス」、「シンボル」、また「第一次性」、「第二次性」、「第三次性」といった三項の図式によって考察した。本書の一九一—一九二ページの会話では、その内容についてより詳細に語られている。

(18) ドイツのプログラマー、オイゲン・ロチコによって開発された、Twitterにもよく似た投稿型のミニブログ。利用者自身がサーバーを選んでそこにアカウントを設定し、規約を設けるなどして運用できる、分散型のソーシャル・ネットワークである。

(19) エミール・デュルケム(一八五八—一九一七)。フランスの社会学者、哲学者。ボルドー大学、ソルボンヌ大学で教鞭をとる。社会学を「道徳科学」と位置づけ、諸個人を統合して社会化する道徳の役割を探求する学問であるとし、心理学的社会学の立場をとるガブリエル・タルドを批判した。彼が作ったデュルケム学派は、甥のモースによってさらに発展させられた。『社会分業論』、『自殺論』などの著作がある。

(20) 正式名称は『根本中頌』。南インド出身の二世紀の初期大乗仏教僧、ナーガルジュナ(龍樹)が著したもの。帰謬論証の積み重ねによって「空」の思想を緻密に論証し、以後の大乗仏教に最大の影響をあたえた。

(21) 山内得立(一八九〇—一九八二)。日本の哲学者。京都大学名誉教授、文化功労者。京都帝国大学で西田幾多郎、のちにフライブルグ大学でフッサールに師事した。現象学の紹介者であるとともに、ギリシア哲学、インド哲学にも深い造詣をもつ。『現象学叙説』、『ロゴスとレンマ』などの著書がある。

(22) カンタン・メイヤスー(一九六七—)。現代フランスの哲学者。ソルボンヌ大学准教授。思弁的実在論の提唱者。カント以降の哲学が、彼のいわゆる相関主義に陥っていることを鋭く分析した、『有限性の後で』で世界的な脚光を浴びた。グレアム・ハーマンらと並ぶ二一世紀哲学の重要人物として知られる。

(23) オーストリアの物理学者エルヴィン・シュレーディンガーによって提案された、量子力学の基礎方程式。

(24) 一七世紀フランスのサロンの女主人。数学や天文学の愛好者で、自邸で動物実験の場をもうけたこともある。

(25) ジャック・モノー(一九一〇—一九七六)。フランスの生物学者でフランソワ・ジャコブとともに発表したオペロン説でノーベル生理学医学賞を一九六五年に受賞した。『偶然と必然』などの著作がある。

(26) イリヤ・プリゴジン(一九一七—二〇〇三)。ロシア生まれのベルギーの物理学者。非平衡熱力学の研究によって知られ、散逸構造論で一九七七年のノーベル化学賞を受賞した。

(27) 超音波フェーズドアレイとは、複数の振動素子から発信される超音波ビームの発信のタイミングを制御し、連続的に振動するようにする技術。

(28)　下方解体（Undermine）および上方解体（Overmine）はハーマン哲学の用語。彼によれば、従来の哲学は対象そのものから出発せず、その対象を生み出している「より本質的とみなされる構成要素」とその関係に対象を還元する（下方解体）か、対象が他の対象とのあいだに外的にもつ関係に還元するか（上方解体）のどちらかでしかないという。

(29)　大栗博司（一九六二―）。物理学者。理論物理学（素粒子論）の研究者であり、場の量子論や超弦理論の研究でも世界的に名高い。カリフォルニア工科大学フレッド・カブリ冠教授、ウォルター・バーグ理論物理学研究所所長。東京大学数物連携主任研究員。アスペン物理学研究所所長。アイゼンバッド賞、フンボルト賞などを受賞。

(30)　インパルス応答（Impulse response）とは、平坦な周波数特性を持った非常に短い音を出したときに測定される時系列信号のこと。時間、位相、周波数、エネルギーなどすべての音響情報を含むとされる。

(31)　すべての周波数で同じ強度になるノイズのこと。

(32)　宇宙のあらゆる方向からやってくるマイクロ波の電波雑音。絶対温度二・七度の黒体放射に相当し、ビックバン理論を支持する根拠の一つとされる。ビックバン直後は高熱であった宇宙が、急激な膨張で温度が冷え、絶対温度二・七度まで下がったところで高熱のために伝播できなかった光子があらゆる方向に伝播するようになった証拠だというのである。

第3章　現象to現象の世界へ

(1)　グレゴリー・ベイトソン（一九〇四―一九八〇）。アメリカ合衆国の文化人類学者。サイバネティクスやシステム論、精神医学など広範な研究に従事した。イルカの学習をフィールドワークしたことでも知られる。

(2)　江戸中期の俳人。通称伊右衛門。満平、十万堂、湛翁、湛々翁とも号した。元禄年間には大坂の主要俳人として活躍した。『今宮草』、『俳諧五子稿』などの著書がある。
（3）　マギル大学の人類学准教授。二〇一三年に発表した著書『森は考える』は、マリリン・ストラザーンによって「人間の象徴的思考力が生みだした至高の作品」と激賞された。二〇一四年にグレゴリー・ベイトソン賞を受賞。
（4）　日本のアーティスト、実業家。アーティスト集団チームラボ代表。四国大学特任教授。大阪芸術大学アートサイエンス学科客員教授。
（5）　3Dグラフィックスで描画をするとき、特定の視点から見えない面を消していく処理のこと。
（6）　ベルギーのブリュッセル生まれの哲学者。ブリュッセル自由大学教授。科学哲学とホワイトヘッド哲学の研究でも知られる。著書に『科学と権力』、イリヤ・プリゴジンとの共著に『混沌からの秩序』がある。
（7）　フランスの哲学者、人類学者。科学の人類学を提唱する。複数の人間と物を同等のエージェントとして扱い、それらが全体としていかに相互に働きかけ、相互牽制するかを分析するアクターネットワーク理論によって知られ、哲学、人類学その他の分野に、今日世界的に大きな影響を及ぼしている。
（8）　ベンチャー企業などが技術開発を成功させても、商品化、事業化が軌道に乗り採算が取れるようになるまでにさまざまな障害や難題があるが、こうした時期のことを「死の谷」と呼ぶ。
（9）　ＩＣＯ（Initial Coin Offering 新規仮想通貨公開）とは、資金調達したい企業や事業プロジェクトが、独自に仮想通貨を発行して販売し、資金調達を行うこと、またそのプロセス。
（10）　ゼロサム（Zero-sum）、ゼロ和とは、複数の参加者が影響しあう状況のなかで、損得の総和がゼロになるゲームのこと。一方の利益が他方の損失になること。
（11）　最低限生活保障の一つで、政府がすべての国民に最低限の生活を送るのに必要とされるお金を定期的に支給するもの。
（12）　道元（一二〇〇—一二五三）。鎌倉初期の禅僧で、日本における曹洞宗の開祖。修証一如、只管打坐の禅風で知られる。その著『正法眼蔵』は和辻哲郎や岩田慶治のような知識人に大きな影響をあたえた。

(13) ニューラル機械翻訳(NMT)の一つの理想形態。英語のようなメジャーな日常言語への翻訳という過程を経ることなく、単一のNMTモデルとそこで生成されるある種の人工的な中間言語(Interlingua)を介して、複数の言語どうしをend to endで双方向的に翻訳することが可能になるという。

(14) 映画の冒頭で、ヒトザルたちが謎の黒板モノリスに群がり、手を触れている場面のこと。やがてヒトザルたちはこの物体の影響からか、動物の骨を道具として使用するようになってゆく。

(15) 「亡霊のジレンマ――来るべき喪、来るべき神」という論文で、メイヤスーはこのような議論を展開している。

(16) 青山二郎(一九〇一―一九七九)。装幀家、高等遊民。小林秀雄の親友で骨董の目利きとして知られた。東京の麻布の資産家の家に生まれ、少年時代からおそろしい鑑識眼を持っていた。青年期には柳宗悦や浜田庄司らの民藝運動に接近するも、やがて離脱した。文士たちが周囲に集まる、サロン的な文化圏が彼の周囲に形成され、「青山学院」と呼ばれた。作家の白洲正子や宇野千代はその弟子。

(編集部)

あとがき

鼎談本というものを刊行するのは僕にとっての初めての試みになる。原稿を直すときも、お互いの共通認識や、間《ま》で伝わるニュアンスの言葉遣いで話が進むから、赤入れを含めてなかなかに時間がかかってしまった。ひょっとすると誤字やミスや誤った解釈があるかもしれないが、そこはご愛嬌ということでご容赦いただきたい。ご指摘いただければ次の版からは直したいと考えている。

この本の目指すところは、「脱近代的思考」の空気や会話を当たり前にしていくことだ。情報科学技術の導入によりそういった変革を促しうるコスト圧力や情報通信、ひいては共有による文化の醸成がこれからますます活発になっていくだろう。そういった取っ掛かりにこの本を読み解くことで議論の機運を作って欲しいと考えている。

平成最後の夏が終わり新しい元号を迎え、新しい時代への変革点を作りつつある。しかし、二〇二〇年以降へと通底するオリンピック以後の未来にはビジョンが不足している。それについて語ることはまたの機会になりそうだが、そのビジョンを作るのは他でもない読者の皆様だろう。

そういったオープンディスカッションが必要な時代の節目である。この本が、ビールでもお茶でも朝ごはんでも、どこかのテーブルの上で議論が白熱するきっかけになれば幸いだ。

＊＊＊

最後に、この三日間にわたる刺激的な対話に付き合ってくださった清水高志氏と上妻世海氏、そして編集を担当してくれた後藤亨真氏に、あらためて感謝する。

二〇一八年八月末日

落合陽一

著者について——

落合陽一（おちあいよういち）　一九八七年、東京都に生まれる。東京大学大学院情報学環・学際情報学府博士課程修了。メディアアーティスト。博士（学際情報学）。専門は、CG、HCI、VR、視・聴・触覚提示法、デジタルファブリケーション、自動運転や身体制御など。現在、筑波大学デジタルネイチャー推進戦略研究基盤基盤長。筑波大学准教授および学長補佐。ピクシーダストテクノロジーズ株式会社CEO。主な著書に、『魔法の世紀』（PLANETS、二〇一五）、『これからの世界をつくる仲間たちへ』（小学館、二〇一六）、『超AI時代の生存戦略』（大和書房、二〇一七）、『日本再興戦略』（幻冬舎、二〇一八）、『10年後の仕事図鑑』（共著、SBクリエイティブ、二〇一八）、『デジタルネイチャー』（PLANETS、二〇一八）などがある。

清水高志（しみずたかし）　東洋大学総合情報学部総合情報学科教授（専攻、哲学）。主な著書に、『ミシェル・セール　普遍学からアクター・ネットワークまで』（白水社、二〇一三）、『実在への殺到』（水声社、二〇一七）、主な訳書に、ピエール・レヴィ『ポストメディア人類学に向けて』（共訳、水声社、二〇一五）、ミシェル・セール『作家、学者、哲学者は世界を旅する』（水声社、二〇一六）などがある。

上妻世海（こうづませかい）　一九八九年に生まれる。文筆家・キュレーター。主な著書に、『制作へ』（エクリ、二〇一八）、主なキュレーションに、「Malformed Objects——無数の異なる身体のためのブリコラージュ」（山本現代、二〇一七）、「時間の形式、その制作と方法——田中功起作品とテキストから考える」（青山目黒、二〇一七）などがある。

装幀——石塚俊

脱近代宣言

二〇一八年九月五日第一版第一刷印刷　二〇一八年九月二〇日第一版第一刷発行

著者――落合陽一＋清水高志＋上妻世海

発行者――鈴木宏

発行所――株式会社水声社

東京都文京区小石川二―七―五　郵便番号一一二―〇〇〇二

電話〇三―三八一八―六〇四〇　ＦＡＸ〇三―三八一八―二四三七

［**編集部**］横浜市港北区新吉田東一―七七―一七　郵便番号二二三―〇〇五八

電話〇四五―七一七―五三五六　ＦＡＸ〇四五―七一七―五三五七

郵便振替〇〇一八〇―四―六五四一〇〇

URL : http://www.suiseisha.net

印刷・製本――精興社

ISBN978-4-8010-0350-7

乱丁・落丁本はお取り替えいたします。